C.H.BECK WISSEN

Die Assassinen sind für ihre politischen Morde berühmt-berüchtigt – so sehr, dass das Wort «assassin» in vielen Sprachen zum Synonym für «Mörder» geworden ist. Seit dem Mittelalter ranken sich Legenden um ihren Führer, den «Alten vom Berge», der auf seiner Burg junge Männer paradiesisch verwöhnt, um sie dann als Selbstmordattentäter in die Welt zu schicken. Wer aber waren die Assassinen wirklich? Heinz Halm beschreibt auf der Grundlage der verfügbaren islamischen und europäischen Quellen, wie im 11. und 12. Jahrhundert durch Spaltungen innerhalb der Schiiten ein ismailitischer Geheimbund entstand, dessen Führer sich im Besitz der wahren, ungeschriebenen Botschaft des Islam glaubten, Burgen in Iran und Syrien eroberten und die Kreuzfahrer in Angst und Schrecken versetzten. Erst den Mongolen gelang es Mitte des 13. Jahrhunderts, die letzte Bergfestung einzunehmen. Doch einige Gemeinden überlebten. Auf sie gehen die Anhänger des heutigen Aga Khan zurück.

Heinz Halm, geboren 1942, war Professor für Islamwissenschaft an der Universität Tübingen und gilt international als einer der besten Kenner des schiitischen Islams. Seine Bücher wurden in viele Sprachen übersetzt. Bei C.H.Beck erschienen u. a. «Das Reich des Mahdi» (1991), «Die Kalifen von Kairo» (2003) und «Kalifen und Assassinen» (2014) sowie in der Reihe C.H.Beck Wissen «Der Islam» (10. Aufl. 2015), «Die Araber» (4. Aufl. 2015) und «Die Schiiten» (2. Aufl. 2015).

Heinz Halm

DIE ASSASSINEN

Geschichte eines islamischen Geheimbundes

Verlag C.H.Beck

Mit 7 Abbildungen und 2 Karten

Originalausgabe

Satz, Druck u. Bindung: Druckerei C.H.Beck, Nördlingen
Umschlaggestaltung: Uwe Göbel, München
Umschlagabbildung: Inschrift eines der «Alten vom Berge»
auf dem Türsturz des Burgtors von Masyâf,
13. Jahrhundert (Ausschnitt), Foto: Heinz Halm
Printed in Germany
ISBN 978 3 406 70414 7

www.chbeck.de

Inhalt

I. Die Vorgeschichte

Heysessini, Assissini, Assassinen

«Wisse, dass es im Gebiet von Damaskus, Antiochia und Aleppo in den Bergen ein Volk der Sarrazenen gibt, das in seiner eigenen Umgangssprache *Heysessini* und auf Romanisch *segnors de montana* [die Alten vom Berge] heißt. [...] Sie wohnen in den Bergen und sind nahezu unüberwindlich, da sie sich in schwer befestigte Burgen zurückziehen. Ihr Land ist nicht sehr fruchtbar; daher leben sie von der Viehzucht. Sie haben auch ihren eigenen Herrn, der nicht nur allen Sarrazenenfürsten nah und fern größte Furcht einflößt, sondern auch den christlichen Nachbarn und ihren Großen, denn er hat die Gewohnheit, sie auf außergewöhnliche Weise umzubringen.»

Der Autor dieser Zeilen ist der Abt Arnold von Lübeck, der als erster Deutscher Kunde von der geheimnisvollen Gesellschaft gibt, die im 12. Jahrhundert die Kreuzfahrerstaaten beunruhigte. Sein Gewährsmann war ein Straßburger Domherr namens Burchard, der 1175 als Gesandter Kaiser Friedrich Barbarossas zu Sultan Saladin nach Damaskus und Kairo gereist war (*Arnoldi Chronica Slavorum* VII, 8).

Besser informiert war Wilhelm von Tyrus, der, um 1130 in Jerusalem geboren, nach Studien in Paris und Bologna Domherr in seiner Heimatstadt Jerusalem, Kanzler des Königreichs Jerusalem und 1175 Erzbischof von Tyrus wurde (gest. 1186). In seiner titellosen Chronik, einer der wichtigsten lateinischen Quellen aus der Zeit der Kreuzzüge, berichtet er: «In der Provinz Tyrus, die Phönizien heißt, gibt es in der Umgebung des Bistums Antaradus (Tartûs) ein Volk, das zehn Burgen mit dem dazugehörigen Umland besitzt und, wie wir oft gehört haben, aus ungefähr 60000 oder mehr Menschen bestehen soll. Diese haben die Gewohnheit, sich ihren Herrn nicht aufgrund erblicher Nachfolge, sondern nach dem Vorrang des Verdienstes selbst zu geben und einen Meister zu wählen und als Präzeptor an ihre Spitze zu stellen, den sie, alle anderen Ehrentitel verschmähend, den Alten (*senex*) nennen, dem sie sich dermaßen zu Unterwerfung und Gehorsam verpflichten, dass es nichts Hartes, Schwieriges oder Gefährliches gibt, das sie nicht auf des Meisters Geheiß inbrünstig zu erfüllen trachten. Wenn ihm und seinem Volke etwa irgendwelche Fürsten missliebig oder verdächtig sind, gibt er einem oder auch mehreren der Seinen einen Dolch, und dieser strebt dorthin, wohin er befohlen worden ist, und ohne zu erwägen, wie die Sache ausgehen könnte und ob er davonkommen würde, geht der, der den Auftrag erhalten hat, sogleich dorthin, wohin er befohlen wurde, und rastet nicht eher, als bis es ihm gelingt, den erhaltenen Befehl zu vollstrecken und den Willen des Meisters zu erfüllen. Die Unseren wie auch die Sarrazenen nennen dieses Volk *Assissini*, ohne dass wir wissen, wovon dieser Name abgeleitet ist.» (XX, 29).

Obwohl die Zeitgenossen sich den Namen nicht erklären konnten, ist er doch rasch in der Bedeutung «Meuchelmörder» zunächst in die romanischen Sprachen – französich *assassin*, italienisch *assassino*, spanisch *asesino* – und dann in andere europäische Sprachen eingegangen und hat entsprechende Verbformen erzeugt. Nur im Arabischen, aus dem er doch kommen müsste, scheint er zu fehlen. Da das Wort *Assassinen* aber keine Selbstbezeichnung der Organisation war, von der hier die Rede sein soll, und erst spät auftritt, soll seine Herkunft erst später erörtert werden.

Die religiösen Wurzeln: Zwölfer-Schiiten und Ismailiten

Die von den Kreuzfahrern als *Assissini* oder *Heysessini* bezeichnete religiöse Gemeinschaft war den islamischen Zeitgenossen unter den Namen *Bâtiniyya* oder *Nizâriyya* bekannt. Sie war eine Abspaltung der Ismailiten (*Ismâ'îliyya*), die wiederum zu dem bunten Spektrum der Schiiten (*Schî'a*) gehören.

Die Spaltung des Islam in Sunniten und Schiiten ist fast so alt wie der Islam selbst. Sie war ein Produkt der innerislamischen Konflikte, die nach dem Tod des Propheten Mohammed im Jahre 632 um dessen Nachfolge ausbrachen. Eine Partei (arab. *schî'a*) unterstützte darin den engsten Vertrauten des Propheten, seinen Vetter und Schwiegersohn 'Alî ibn Abî Tâlib, und betrachtete ihn und seine beiden Söhne von der Prophetentochter Fâtima, al-Hasan und al-Husain, als die legitimen Erben Mohammeds und rechtmäßigen Oberhäupter des Islam (s. S. 10). 'Alî kam aber erst als dritter «Nachfolger» (*chalîfa*, Kalif) an die Macht und wurde nach kurzer, umstrittener Herrschaft (656–661) ermordet. Seine Söhne, die Prophetenenkel, wurden von der Macht ferngehalten; der jüngere, al-Husain, wurde 680 bei einem Versuch, sich mithilfe der irakischen Anhänger seines Vaters der Herrschaft zu bemächtigen, bei Kerbelâ nahe dem Euphrat von Truppen des regierenden Kalifen getötet.

Die «Partei 'Alîs» (*schî'at 'Alî*) aber blieb bestehen, vor allem im Irak, wo 'Alî und sein Sohn den Tod gefunden hatten, und wurde zum Sammelbecken für die Opposition gegen die in Damaskus residierenden Kalifen. Nach der Tragödie von Kerbelâ nahm die ursprünglich politische Partei mehr und mehr religiöse Züge an; die Nachkommen al-Husains, die in Medina lebten, wurden Objekte einer besonderen Verehrung ihrer Anhänger; obwohl von der politischen Herrschaft ausgeschlossen, wurden sie zu Trägern der Hoffnung auf einen Umsturz, ja eine völlige Erneuerung des Islam. So bildete sich die Reihe der schiitischen Imame, die ihren Anhängern als die eigentlich rechtmäßigen Oberhäupter (arab. *imâm*) galten, auf deren baldige Machtergreifung sie hofften, die sie gelegentlich durch Aufstände herbeizuführen suchten.

Aus den zahlreichen Gruppen und Grüppchen des 7. und 8. Jahrhunderts, die jeweils andere Prätendenten als «Imame» anerkannten, kristallisierte sich schließlich im 9. Jahrhundert jene Richtung als die zukunftsträchtigste heraus, die noch heute das Gros der Schiiten in Iran, im Irak und im Südlibanon bildet: die «Zwölfer» (arab. *Ithnâ'aschariyya*), auch «Imamiten» (*Imâmiyya*) genannt. Die von ihnen anerkannte Reihe der rechtmäßigen zwölf Imame beginnt mit 'Alî, gefolgt von seinen Söhnen al-Hasan und al-Husain sowie dessen Nachkommen in direkter Linie.

Als 750 die Kalifen von Damaskus aus dem mekkanischen

Die Imame der Zwölfer-Schiiten	Die Imame der Ismaliten
Muhammad der Prophet	Muhammad der Prophet
Fâtima ∞ 1. ʿAlî ibn Abî Talîb	Fâtima ∞ ʿAlî ibn Abî Talîb
2. al-Hasan, 3. al-Husain	1. al-Hasan, 2. al-Husain
4. ʿAlî Zain al-ʿÂbidîn	3. ʿAlî Zain al-ʿÂbidîn
5. Muhammad al-Bâqir	4. Muhammad al-Bâqir
6. Dschaʿfar as-Sâdiq	5. Dschaʿfar as-Sâdiq
Ismâʿîl, 7. Mûsâ al-Kâzim	6. Ismâʿîl
8. ʿAlî ar-Ridâ	7. Muhammad
9. Muhammad at-Taqi (oder: al-Dschawâd)	8. ʿAbdallâh (al-Akbar)
10. ʿAlî al-Hâdî	9. Ahmad
11. al-Hasan al-ʿAskarî	10. al-Husain
12. Muhammad al-Mahdî, der Verborgene Imam	11. al-Mahdî
	12. al-Qâʾim
	13. al-Mansûr
	14. al-Muʿizz
	15. al-ʿAzîz
	16. al-Hâkim
	17. az-Zâhir
	18. al-Mustansir

Clan der Umayyaden gestürzt wurden, traten an ihre Stelle die Abbasiden, Nachkommen eines Onkels des Propheten Mohammed, die 762 bei dem Dorf Baghdâd am Tigris eine neue Residenz errichteten, in der sie nun bis 1258 residieren sollten. Die neuen Herren hielten die schiitische Opposition offenbar für so bedrohlich, dass der Abbasidenkalif Hârûn ar-Raschîd sich auf seiner Pilgerfahrt nach Mekka im Jahre 795 entschloss, den siebten Imam Mûsâ al-Kâzim mit seiner Familie aus Medina in den Irak zu deportieren. Er und seine Nachkommen lebten fortan im Irak zwar weitgehend unbehelligt, aber unter strenger Aufsicht. 873 ist der elfte Imam al-Hasan al-'Askarî in der Kalifenresidenz Sâmarrâ am mittleren Tigris gestorben.

Der Tod des elften Imams warf für seine Anhänger ein Problem auf, da der Achtundzwanzigjährige keinen Sohn hinterließ. Die schiitische Gemeinde zerfiel daraufhin in mehr als ein Dutzend Grüppchen, die verschiedene Lösungen des Nachfolgeproblems anboten. Es dauerte fast zwei Jahrhunderte, bis sich die Lehrmeinung durchsetzte, der elfte Imam habe doch einen Sohn gehabt, den er versteckt habe, um ihn dem Zugriff der Herrschenden zu entziehen, ja dieser zwölfte, «verborgene» Imam lebe unerkannt durch die Jahrhunderte auf der Erde, bis es Gott gefallen werde, ihn einst aus der Entrücktheit (*ghaiba*) zu holen und ihn als den «Rechtgeleiteten» (*al-mahdî*) an die Spitze der endlich triumphierenden Schiiten zu stellen.

Ganz anders war das Konzept der schiitischen Gruppe, zu der die sog. Assassinen gehörten. Sie waren Ismailiten. Ismâ'îl war der Sohn und designierte Nachfolger des sechsten Imams gewesen, doch war er 755 – zehn Jahre vor seinem Vater Dscha'far – gestorben. Dieser verstörende Tatbestand – der eigentlich unfehlbare Imam hatte sich offenbar in der Bestimmung seines Nachfolgers geirrt – führte zu einer der zahllosen Spaltungen der Schia. Während das Gros der «Imamiten» den jüngeren Mûsâ als siebten Imam anerkannte und den älteren Ismâ'îl aus der Imamenreihe eliminierte, hielten andere an der ursprünglichen Reihenfolge fest; es heißt, einige hätten die Wiederkehr des «verstorbenen» Ismâ'îl erwartet, andere hätten auf dessen lebenden Sohn Muhammad ibn Ismâ'îl gesetzt.

So spaltete sich die Reihe der Imame beim Tode Ismâ'îls; die Frage, wer der siebte Imam sei, trennt die «Ismailiten» von den «Zwölfern». Dazu ist anzumerken, dass sich in der Schia deren zahllose Abspaltungen (arab. *firaq*, Sing. *firqa*) stets um die Frage drehen, wer der wahre Imam ist; theologische Differenzen spielen dabei in der Regel keine Rolle.

Die Anfänge der Ismailiten im 8. und frühen 9. Jahrhundert liegen im Dunkeln. Erstmals werden sie in den Bagdader Chroniken kurz nach dem Jahr 882 fassbar: Damals hatten sie in der Region um die arabische Metropole Kufa am Euphrat bereits Gemeinden unter der bäuerlichen Bevölkerung gründen können. Von einer verborgenen Zentrale aus geleitet, sandten die Ismailiten ihre «Rufer» (Sing. *dâ'î*) – Werber, Missionare und Agenten in einer Person – in alle Teile der islamischen Welt, wo sie, durch unauffällige Berufe getarnt, Adepten anzuwerben und ihre geheime Botschaft zu verbreiten suchten. Nach der Gründung der ersten Gemeinden in den Dörfern des südlichen Irak 875 oder 878 erschienen ihre Missionare an der iranischen Küste des Persischen Golfs und unter den noch kaum islamisierten iranischen Gebirgsvölkern südlich des Kaspischen Meeres. 882 begann die Mission bei den arabischen Stämmen im Hochland des Jemen, 884 segelte der erste Werber von dort nach Indien; 893 ließ sich ein Missionar bei den sesshaften Berbern (Kabylen) im heutigen Algerien nieder. Im selben Jahr begann die Mission auf der arabischen Seite des Golfs, zwischen dem Irak und der Halbinsel Qatar, und im Jahr 900 gelang es dem dortigen imailitischen Missionar, mithilfe der Beduinen des Hinterlandes die ostarabische Oasenstadt al-Ahsâ (heute al-Hofûf) in seine Gewalt zu bringen, seine Herrschaft auf die Küste auszudehnen und mit seinen Scharen sogar Kufa am Euphrat zu bedrohen. Im März 909 zogen die algerischen Berber unter der Führung ihres Missionars im Triumph ins tunesische Kairuan ein und begründeten hier ein ismailitisches Gegenkalifat; ihre Herrschaft dehnte sich bald über den ganzen Maghreb aus und bedrohte schließlich Ägypten.

Es ist erstaunlich, wie rasch sich das Netz der geheimen Propaganda der Ismailiten über die gesamte islamische Welt spannte;

die «Rufer» entfalteten ihre Tätigkeit von Andalusien im Westen bis zum Indischen Subkontinent im Osten. Die Hauptaufgabe des «Rufers» *(dâ'î)* war es, Anhänger für den verborgenen, verheißenen Imam zu werben und ihnen schließlich ein Gelübde abzunehmen, das sie zur Verschwiegenheit und zum absoluten Gehorsam gegenüber dem Imam, dessen Identität indessen nicht enthüllt wurde, verpflichtete. Danach durften die Adepten an den «Sitzungen der Weisheit» (*madschâlis al-hikma*) teilnehmen, in denen ein Da'i den Eingeweihten die ismailitische Heilslehre erläuterte. Quintessenz dieser Lehre, auf deren Einzelheiten hier nicht näher eingegangen werden kann, war, dass das Heil des Einzelnen davon abhing, dass er sich zum richtigen Imam bekannte und auf dessen Seite kämpfen würde, wenn einst die Stunde gekommen sei. Diese Sitzungen der geheimen lokalen Zirkel wurden an Donnerstagen abgehalten, um sich von den Feiertagen der Christen, Juden und Muslime abzusetzen; die Ismailiten bezeichneten die Nichtismailiten zwar als Muslime (*muslimûn*), sich selbst aber als die eigentlichen «Gläubigen» (*mu'minûn*). Der zentrale Punkt ihrer Dissidenz war ja die Frage nach dem wahren Imam; die sunnitischen Abbasiden-Kalifen in Bagdad galten ihnen als Usurpatoren; sie galt es zu stürzen. Ihren Anspruch begründeten die Ismailiten durch ihre Berufung auf eine geheime (*bâtin*, wörtlich: innere) Botschaft, die im äußerlichen (*zâhir*) Wortlaut des Koran verborgen sei, die nur ihren Imamen offenbart worden sei und von diesen exklusiv an ihre Anhänger weitergegeben werde. In den Lehrsitzungen wurde diese geheime Lesart des Koran nur den eingeweihten Anhängern der ismailitischen Imame enthüllt. Dieser Berufung auf die geheime (*bâtin*) Bedeutung des Koran verdanken die Ismailiten den Namen, mit dem sie in den zeitgenössischen persischen und arabischen Quellen benannt werden: die Batiniten *(al-Bâtiniyya)*. Diesen Namen verwendeten sie auch selbst; in ihren persischen Schriften nennen sie sich «Leute des inneren [Sinnes]» (*ahl-e bâtin*). Die übliche Selbstbezeichnung der Glaubensgemeinschaft war jedoch einfach *dîn-e haqq*, «die Religion der Wahrheit» oder «die wahre Religion».

Der politische Rahmen: Fatimiden und Seldschuken

Die Eroberung von Kairuan im März 909 durch berberische Stammeskrieger unter der Führung eines ismailitischen Missionars markiert einen tiefen Einschnitt in der Geschichte des Islam. Zum ersten Mal gelang es, ein schiitisches – in diesem Fall ismailitisches – Gegenkalifat zu errichten, das das sunnitische Kalifat von Bagdad herausforderte und in seiner Existenz bedrohte. Dessen Sturz war denn auch das erklärte Ziel der neuen Macht, die sich rasch den ganzen Maghreb unterwarf und alsbald ihre Blicke auf Ägypten richtete, das damals noch – wenigstens *de jure* – eine Provinz Bagdads war.

Die Propaganda des Missionars in Algerien hatte einem namenlosen Imam gegolten, der als der Mahdi (s. o. S. 11) erscheinen sollte. Erst im Januar 910 erschien der Verheißene, der sich ʿAbdallâh *al-Mahdî* nannte, ein fünfunddreißigjähriger Mann, begleitet von seinem Sohn, feierlich geleitet von den Berbern, die ihn aus der marokkanischen Oasenstadt Sidschilmâsa abgeholt hatten, wo er seit mehreren Jahren als Kaufmann getarnt gelebt hatte. Wer er war, blieb umstritten. Sein Urgroßvater war wahrscheinlich der Gründer des geheimen Missionsnetzes gewesen, dessen Zentrum zunächst im Irak, dann in dem syrischen Städtchen Salamya (südöstlich von Hamâh) gelegen hatte; von dort hatten die Lenker der Mission, al-Mahdis Großvater und Onkel und dann er selbst, als Kaufleute getarnt und nur den höchsten Graden in der Hierarchie der Missionare bekannt, die weit gespannte ismailitische Propaganda geleitet. Im Winter 903/904 hatte der Mahdi, der wohl von den Behörden enttarnt worden war, aus Syrien nach Ägypten und von da ins heutige Marokko fliehen müssen, wo er bis zu seiner triumphalen Einholung 909/910 im Untergrund lebte.

Der bis dahin unbekannte Mahdi bedurfte zu seiner Legitimation eines Stammbaums, der auf ʿAlî und Fâtima zurückführte. Dieser Stammbaum des «Fatimiden» wurde denn auch bald der Öffentlichkeit präsentiert und sogleich von den Gegnern für unecht erklärt. Al-Mahdî erscheint darin als Nachkomme des Imams Ismâʿîl: sein Urgroßvater sei ein Sohn des –

nach allgemeiner Kenntnis kinderlos gestorbenen – Muhammad ibn Ismâ'îl gewesen (Stammbaum S. 10).

Dieser Stammbaum ist noch heute für diejenigen Ismailiten, die Anhänger des Aga Khan sind, verbindlich. Zu beachten ist, dass die Ismailiten die Zählung der Imame nicht mit 'Alî beginnen, der als Erbe Mohammeds eine Sonderstellung einnimmt; der erste Imam ist vielmehr al-Hasan. In der Reihe der Imame ist also Ismâ'îl der sechste Imam, der erste Fatimidenkalif al-Mahdî ist der elfte und der heutige Aga Khan der 49. Imam. Die in der älteren Literatur gelegentlich für die Ismailiten verwendete Bezeichnung «Siebener-Schiiten» ist also unsinnig und sollte vermieden werden; die Reihe der Imame hört ja nicht beim siebten auf, und der spielt auch keinerlei besondere Rolle in der Lehre. Im Unterschied zu den «Zwölfern» haben die Ismailiten (wenigstens die hier behandelten) also kein Modell der «Verborgenheit» (*ghaiba*), keinen verborgenen Imam, sondern eine bis auf den heutigen Tag präsente Reihe von manifesten Imamen aus Fleisch und Blut. In dieser Reihe stellten die «Fatimiden»-Kalifen die Imame 11 bis 18, ehe es zu einer erneuten Spaltung kam.

Vier Generationen lang – von 910 bis 973 – herrschten die fatimidischen Imam-Kalifen vom heutigen Tunesien aus, zuerst von ihren Palästen bei Kairuan, dann von ihrer an der Küste gegründeten und nach al-Mahdī benannten Palaststadt al-Mahdiyya (südlich von Sousse). Unter dem vierten Fatimiden al-Mu'izz gelang dem General Dschauhar 969 die nahezu kampflose Besetzung Ägyptens, wo sogleich eine neue Palaststadt, *al-Qāhira* (Kairo), «die Siegreiche», angelegt wurde, in die der Fatimidenkalif 973 mit seinem ganzen Hof übersiedelte. Kairo wurde damit zum Sitz des ismailitischen Imam-Kalifen und zum Zentrum der ismailitischen Mission (*da'wa*). In konsequenter Verfolgung ihres Ziels, das sunnitische Kalifat von Bagdad zu stürzen, drangen die fatimidischen Heere schon 970/971 in Palästina und Syrien ein und besetzten Damaskus; hier aber stießen sie erstmals auf erbitterten Widerstand.

Die sunnitischen Kalifen von Bagdad hatten ihre politische Macht längst eingebüßt. Zwar wurde ihr Prestige als Nachfolger des Propheten Mohammed von allen Sunniten immer noch anerkannt, doch waren sie längst zu irakischen Lokalfürsten herabgesunken und schon 945 in Abhängigkeit von ihren iranischen Heerführern geraten, die 1055 durch türkische Machthaber abgelöst wurden. Seit dem Beginn des 11. Jahrhunderts drangen nämlich Scharen nomadischer Türken aus Zentralasien – dem heutigen Turkmenistan und Usbekistan – in den Norden Irans ein und wanderten mit ihren Herden westwärts. 1038 proklamierte sich der Anführer einer solchen Schar, Toghril Beg aus der Sippe Seldschuq, in der ostiranischen Metropole Nischapur zum *sultân*. Das Wort, das ursprünglich «Herrschaft» bedeutete, wurde so zu einem Titel, und zwar für einen rein weltlichen Fürsten, der selbst keinen religiösen Nimbus besaß und zu seiner Legitimation einer Ernennung durch den Kalifen in Bagdad bedurfte. 1055 besetze Toghril Beg mit seinen türkischen Scharen Bagdad und zwang den Kalifen, ihm eine seiner Töchter zur Frau zu geben. Seitdem beherrschten die türkischen Seldschuken-Sultane als Schutzherren der Kalifen den Vorderen Orient vom Osten Irans über den Irak bis nach Kleinasien (1077) und ins nördliche Syrien. Die Seldschuken waren wie die Bagdader Kalifen Sunniten; gegen sie richteten sich die ersten Attentate derjenigen Ismailiten, die man später als Assassinen bezeichnen sollte, und das Seldschukenreich war der erste Schauplatz von deren Tätigkeit.

2. Die Anfänge

Der Gründer: Hasan-e Sabbāh

Über die Vita des Initiators der Aktivitäten der «Assassinen» besitzen wir ein einzigartiges Dokument: einen Bericht über seinen Werdegang aus seiner eigenen Feder. Solche autobiographischen Texte sind im Milieu der Ismailiten nicht selten; sie sollten die eigenen Verdienste um die ismailitische Mission (*da'wa*) herausstreichen, meist auch die Nähe zum Imam dokumentieren. Der in persischer Sprache (*fârsî*) abgefasste Text wurde unter dem Titel *Das Abenteuer unseres Herrn* (*Sarguzascht-e Sayyidnâ)* überliefert. Bei der Eroberung der Burg Alamût durch die Mongolen im Jahre 1256 hat sie Dschuwainî, der Wesir des Mongolen-Khans, bei der Sichtung der dortigen Bibliothek gefunden und seinem Geschichtswerk einverleibt, teils wörtlich zitierend (wobei der Autor in der ersten Person redet), teils paraphrasierend. Auch Dschuwainîs Schüler Raschîd ad-Dîn, der bedeutendste persische Historiker der Mongolenzeit, zitiert den Text – gelegentlich sogar etwas ausführlicher – in seiner Weltchronik.

Hasan, der Sohn des Sabbāh (arab. *Hasan ibn as-Sabbâh*, pers. *Hasan-e Sabbâh*), wurde in Rey, dem antiken *Rhagai* des Alexanderzugs, südlich des heutigen Teheran geboren. Er war allerdings kein Iraner, sondern Araber; seine Familie rühmte sich der Abstammung vom südarabischen Stamm der Himyar.

«Als Knabe im Alter von sieben Jahren ergriff mich die Liebe zu den Wissenschaften, und es war mein Wunsch, ein frommer Gelehrter zu werden; bis zum siebzehnten Lebensjahr war ich ein eifriger Sucher nach Wissen. Mein Bekenntnis war das zwölfer[schiitische] meines Vaters». So hebt der autobiographische Bericht an. In seiner Heimatstadt Rey macht Hasan die Bekanntschaft eines Münzmeisters, der ein heimlicher Ismailit und Missionar (*dâ'î*) ist und ihm die ismailitische Lehre nahezubringen sucht. Lange sträubt sich Hasan in ihren Disputen gegen die Argumente des Missionars: «Ich glaube, dass die [wahre] Religion und das [richtige Bekenntnis] das sind, was das Volk und besonders die Schiiten glauben… Das Bekenntnis der Ismailiten aber ist Philosophie [d.h. heidnischer Unglaube], und der Herrscher von Ägypten [d.h. der Fatimidenkalif] ist ein Philosoph! … In gegenseitigem Austausch hatten wir Dispute und Erörterungen, und [schließlich] hat er meinen Glauben widerlegt und zerstört. Ich gab mich zwar nicht geschlagen, doch in meinem Herzen zeigten diese Worte Wirkung». Als er weitere Ismailiten kennenlernt und ihre Frömmigkeit sieht – sie trinken zum Beispiel keinen Wein –, beginnt er die ihnen nachgesagten Schändlichkeiten zu bezweifeln, und «in ihren Büchern fand ich viele Argumente zugunsten des Imamats Ismâ'îls».

Die Klimax seiner religiösen Krise wird dann – wie in vielen Bekehrungs- und Erweckungsgeschichten – als physische Krise erlebt: «Da befiel mich eine schwere und gefährliche Krankheit, und Gott wollte, dass ich mich von Grund auf [wörtlich: mit Fleisch und Haut] änderte ... Und ich dachte bei mir, dass dieses Bekenntnis in der Tat wahr sei und dass ich es nur aus äußerster Furcht nicht für wahr gehalten hätte. Ich sagte mir: Wenn nun mein letztes Stündlein schlägt, dann gehe ich zugrunde, ohne in den Besitz der Wahrheit gelangt zu sein! Infolgedessen genas ich von dieser schweren Krankheit.»

Er wird nun einem anderen Missionar anvertraut, der sein Amt unter der Tarnung als Sattler nachgeht; «durch den lernte ich dieses Bekenntnis näher kennen, und er bestätigte es durch Kommentar und Erläuterung im Einzelnen, und so erhielt ich Kunde von den [mir] unverständlichen Dingen und der Wahrheit dieses [Glaubens].» Endlich ist es so weit, dass man ihm das Gelübde abnimmt, das ihn zur Geheimhaltung der Lehre und zum Gehorsam gegenüber dem wahren Imam – dem Fatimiden-Kalifen in Kairo – verpflichtet. Von nun an ist er zu den geheimen «Sitzungen der Weisheit» (*madschâlis al-hikma*) zugelassen und wird in den «inneren» (*bâtin*), geheimen Sinn des Korans eingeweiht.

Schon bald wird der eifrige Neubekehrte für würdig gehalten, selbst in die Hierarchie des geheimen Missionsnetzwerks aufgenommen zu werden: «Im Ramadân des Jahres 464 [Mai/Juni 1072] kam 'Abd al-Malik-e 'Attâsch, der damals Da'i von Isfahan war, nach Rey. Er hielt mich für geeignet und machte mich zum stellvertretenden Da'i». Das war im Jahr 1074. Zwei Jahre lang wirkt er danach in Isfahan, dann erhält er den Befehl seines Vorgesetzten: «‹Du solltest dich an den Hof des Kalifen begeben!› Der Kalif [in Kairo] war zu dieser Zeit al-Mustansir» (s. Stammbaum S. 10).

Hasan-e Sabbâh macht sich also auf den Weg nach Ägypten. Wir hören, dass er zunächst eine Zeit lang in Aserbeidschan wirkt und wirbt; in Mayyâfâriqîn (östlich des heute türkischen Diyarbakir) lässt er sich in Dispute mit einem lokalen Religionsgelehrten ein und wird wegen seiner unorthodoxen Ansichten vom Kadi der Stadt vertrieben. Über Mossul am Tigris, Sindschâr und ar-Rahba am Euphrat gelangt er durch die Syrische Wüste nach Damaskus und von dort ans Mittelmeer; Beirut, Tyrus, Akkon und Caesarea sind seine Stationen. Schließlich besteigt er ein Schiff nach Ägypten und trifft am 29. August 1078 in Kairo ein, wo er seine Studien aufnimmt.

Ein solcher Schulungsaufenthalt im Zentrum der ismailitischen Lehre war nicht ungewöhnlich; wir hören davon auch in den Viten anderer prominenter ismailitischer Missionare. Der wahre Imam war ja bekannt, seitdem die Fatimiden die Macht in Nordafrika an sich gerissen hatten; der regierende Kalif al-Mustansir (1036–1094) war der 18. Imam. In dessen unmittelbarer Nähe wirkte der «Oberste Rufer» (*dâ'i d-du'ât*), der Chef der weit gespannten *da'wa*-Organisation, damals ein gewisser al-Mu'ayyad, dessen gesammelte Vorlesungen, die donnerstäglichen «Lehrsitzungen» (*madschâlis,* Sing. *madschlis*) im Schloss des Kalifen, in mehreren Bänden noch erhalten sind. Bei ihm wurde Hasan-e Sabbâh nun geschult.

Siebzehn Monate verbringt er in Kairo; folgt man seinem eigenen Bericht, wurde er so hoch geehrt, dass er angeblich den Neid hochgestellter Höflinge erweckte. Allerdings gibt er selber zu, dass er den Imam-Kalifen al-Mustansir nicht zu Gesicht bekam. Dann wurde er abgeschoben. Die Hintergründe sind dunkel; offenbar geriet er in Konflikt mit dem «Oberbefehlshaber der Heere», dem allmächtigen Armenier Badr al-Dschamâlî, der seit 1074 die tatsächliche Macht in Kairo ausübte und sich außer dem militärischen Oberbefehl auch die Ämter des Wesirs und im Juni 1078 – also zwei Monate vor Hasans Eintreffen in Ägypten – die des Obersten Kadi und sogar des Obersten Da'i hatte übertragen lassen, um das weit gespannte Agentennetz der ismailitischen *da'wa* kontrollieren zu können. Dass der in religiösen Dingen ungebildete General mit einem glühenden Anhänger der Lehre wie Hasan-e Sabbâh in Konflikt geraten würde, lässt sich denken.

Im Januar 1080 wird Hasan nach Alexandria verbracht und von dort abgeschoben: «Sie zwangen mich, mit einigen Franken zu Schiff nach dem Maghreb zu fahren». Doch er kann entkommen, scheint sich einige Zeit in Alexandria versteckt zu haben und gelangt dann – nach einer stürmischen Überfahrt, bei der die verängstigte Besatzung ihre Rettung nur der Gegenwart seiner für Höheres bestimmten Person verdankt – nach Dschabala (Jeble) an der syrischen Küste. Über Antiochia, Aleppo und Bagdad kehrt er zu seiner Basis Isfahan zurück, wo er am 10. Juni 1083 eintrifft.

Er nimmt nun seine geheime Tätigkeit als ismailitischer Werber wieder auf. Sein autobiographischer Bericht schildert sehr detailliert, wie er die verstreuten Zellen und ismailitischen Gemeinden in Iran betreut: in der Landschaft Khûzistân am Persischen Golf, im zentraliranischen Yazd und Kermân, in Gorgân und Dâmghân an der Südostecke des Kaspischen Meeres. Schließlich verlegt er sein Hauptquartier von Isfahan nach Qazvîn (ca. 150 Kilometer nordwestlich des heutigen Teheran) – unter Vermeidung der Provinzhauptstadt Rey, seines Geburtsorts. Von hier betreibt er nun die Werbung in der Landschaft Dailam, dem Bergland südlich des Kaspischen Meeres, wo die ismailitische *da'wa* bereits seit ihren Anfängen aktiv gewesen war. Hier sollte Hasan-e Sabbâh ein entscheidender Schlag gelingen.

Der Coup von Alamût (1090)

«Von Qazvîn sandte ich einen Da'i zur Burg von Alamût, die ein Nachkomme 'Alîs mit Namen Mehdî für [den Seldschuken-Sultan] Malik Schâh innehatte. Alamût ist *Olah Amût*, d. h. Adlernest, und tatsächlich hatte ein Adler dort sein Nest. Einige Leute in Alamût waren Anhänger der Mission und versuchten, auch den Burgherrn dazu zu bekehren. Der nahm sie zum Schein an, doch dann schickte er alle Anhänger der Mission durch eine List hinunter und schloss das Tor der Burg mit der Begründung, die Burg gehöre dem Sultan. Nach einigem Disput ließ er sie aber wieder ein, und von da an weigerten sie sich, sich von ihm wieder fortschicken zu lassen».

Von der Stadt Qazvîn gelangte man zur Burg von Alamût in einem viertägigen Ritt auf Maultieren, zuerst über den 2485 Me-

Der Burgfelsen von Alamût, das Zentrum der Assassinen im Norden Irans

ter hohen Tschala-Pass ins Tal des Flusses Schâh Rûd, dann nach Osten durch einen engen Cañon an dessen Quellfluss Alamût Rûd und schließlich durch das Bachbett eines nördlichen Zuflusses in den Talkessel, an dessen Nordseite sich der Burgfelsen erhebt, 184 Meter über der Ebene und im Norden überragt von der Houdeqân-Kette mit ihren Viertausendern. Der kahle Felsen fällt nach Südwesten wie nach Nordosten steil ab; auf seinem welligen Grat ziehen sich die Ruinen der Burg noch heute über 140 Meter hin, bei einer Breite, die zwischen 40 und nur 8 Metern schwankt. Starker Befestigungen bedurfte es angesichts der Lage nicht; einfache Mauern genügten; lediglich die Stelle, wo der nur für Maultiere begehbare Saumpfad auf dem Nordosthang den Grat erreichte, war durch einen wehrhaften Torbau gesichert. Aus dem Fels gehauene Zisternen sicherten die Wasserversorgung.

Auf dieses Adlernest richtete Hasan-e Sabbâh nun sein Augenmerk. Da er die Besatzung der Burg bereits durch seine Anhänger unterwandert wusste, begab er sich persönlich vor Ort.

Am 4. September 1090 kam er dort an, und es gelang ihm, sich unter einem falschen Namen Einlass zu verschaffen und eine Zeit lang unerkannt unter der Besatzung zu leben.

An dieser Stelle seines Berichts kommt ein bisschen Zahlenmystik ins Spiel: Der alte Name *Olah Amût* (Adlernest) ergebe, so berichtet Hasan-e Sabbâh, nach ihrem Zahlenwert das Datum seiner Ankunft in der Burg. Addiert man nämlich die Zahlenwerte der arabischen Konsonanten 'LH'MWT – die Vokale werden nicht geschrieben –, so ergibt sich 1 + 30 + 5 + 1 + 40 + 6 + 400 = 483, das Jahr nach der Hidschra, das 1090 entspricht.

Die Anwesenheit zahlreicher Ismailiten und ihres Anführers unter der Burgbesatzung ließ sich nicht lange verheimlichen; vielleicht hat auch Hasan-e Sabbâh zu gegebener Zeit das Inkognito gelüftet. Er nahm die Burg in Besitz; der Burgherr, der Alide Mehdî, durfte mit dem Rest seiner Truppe abziehen. Als Abfindung erhielt er einen Wechsel über 3000 Golddinar, einzulösen beim Gouverneur von Dâmghân (östlich von Teheran). Zur größten Verwunderung Mehdîs löste der Gouverneur – der Statthalter des Seldschuken-Sultans! – den Wechsel anstandslos ein, denn er war selbst ein heimlicher Ismailit.

Hasan-e Sabbâh entfaltete nun eine emsige Tätigkeit. Er setzte die verfallenen Mauern der Burg instand, ließ einen Kanal graben, der das Tal am Fuß der Burg bewässerte, so dass Felder, Gärten und Weinberge angelegt werden konnten. Er brachte auch weitere Burgen in der näheren Umgebung in seine Gewalt, «und wo immer er einen Felsen fand, der zum Bau geeignet war, setzte er eine Burg darauf, leitete Wasser hin und baute Zisternen». Zugleich trieb er die Mission in den umliegenden Tälern weiter und schuf sich so einen kleinen Staat. Seit 1091 waren seine Werber auch im Nordosten Irans tätig, in der Provinz Quhestân («Bergland») um die Städte Tabas und Qâyen (östlich der Salzwüste Dascht-e Kavîr), wo, auf Burgen gestützt, eine weitere Zelle ismailitischer Macht entstand.

Die Entstehung dieser beiden ismailitischen Herrschaften, in denen die Da'is die ländliche Bevölkerung im Namen des Imams – d. h. des Fatimiden-Kalifen in Kairo – besteuerten und die Gerichtsbarkeit ausübten, konnte, auch wenn es sich um abgelegene, schwer zugängliche Gegenden handelte, dem Seldschuken-Sultan Malik Schâh (1072–1092) und seinem Wesir Nizâm al-Mulk nicht verborgen bleiben, und die Etablierung bewaffneter Macht auf festen Burgen war nicht hinnehmbar.

Wohl schon im Jahr 1091 wurde der türkische Offizier Yürüntasch mit Truppen abkommandiert, um das Adlernest auszuheben. «Der eilte wiederholt in rascher Folge an den Fuß von Alamût, um alle, die die Werbung von Unserem Herrn (*Sayyidnâ*, d.i. Hasan-e Sabbâh) angenommen hatten und ihm gehorsam und unterwürfig waren, umzubringen und dort zu plündern. Da Alamût damals noch nicht mit Vorräten angefüllt war, geriet die Besatzung infolge von Lebensmittelmangel in äußerste Bedrängnis und Erschöpfung, und man beschloss, einige Männer sollten eine Reiterabteilung bilden und sich durchschlagen. Unser Herr aber fingierte eine Nachricht, die er angeblich vom Hof von Kairo aus dem Dienst des Imams al-Mustansir bekommen habe, mit dem Wortlaut: ‹Meine Genossen sollen diesen Ort nicht verlassen, da von diesem Platz aus Erfolg für sie zu erwarten ist!› Daraufhin fassten sich die Männer ein Herz, die Nöte zu erdulden, und blieben in Alamût, das sie im Vertrauen auf diese Worte in ‹Stätte des Erfolgs› (*Baldat al-iqbâl*) umbenannten.»

Im nächsten Jahr belagerte ein anderer türkischer Offizier namens Arslan Tasch die Burg, die nur von sechzig bis siebzig Mann verteidigt wurde. Doch es kam Entsatz aus Qazvîn, wo Hasan-e Sabbâh einen Da'i hatte, der seinem Herrn und Meister mit dreihundert Anhängern zu Hilfe eilte. Es gelang diesen, sich in die Burg durchzuschlagen, und bei einem nächtlichen Ausfall konnten sie, unterstützt durch die Ismailiten der benachbarten Täler, die Truppe des Türken vertreiben und sein Lager erbeuten. Ein dritter Türke ging zugleich im Osten gegen eine Burg der Ismailiten bei Tabas vor und belagerte sie. Der Krieg der Seldschuken gegen den inneren Feind war eröffnet, doch nun holte Hasan-e Sabbâh zum zweiten Schlag aus.

Das erste Opfer: der Wesir Nizâm al-Mulk (1092)

«In diesem Jahr, am 10. Ramadân [13. Oktober 1092], wurde der Wesir Nizâm al-Mulk ... in der Nähe von Nehâvand ermordet. Er und der Sultan [Malik Schâh] waren in Isfahan gewesen und waren nun auf dem Rückweg nach Bagdad. Als sie nun an diesem Ort Halt machten und er nach dem Fastenbrechen [nach Einbruch der Dunkelheit] in seiner Sänfte zum Zelt seiner Ehefrau zurückkehrte, trat ein dailamitischer Knabe, einer von den Batiniten, scheinbar als Bittsteller oder Hilfeflehender an ihn heran und traf ihn mit einem Dolch, den er bei sich hatte. Er streckte ihn nieder und entfloh, doch er stolperte über einen Zeltstrick, so dass man ihn ergriff und tötete. Der Sultan kam zu seinen Zelten geritten; da beruhigten sich die Soldaten und seine Begleiter wieder.» (Chronik des *Ibn al-Athîr*).

Der Wesir des Seldschuken-Sultans Malik Schâh, Abû 'Alî al-Husain, trug den Amtstitel *Nizâm al-Mulk* (Ordnung der Herrschaft). Er war ein hochgebildeter Iraner, der Arabisch wie Persisch schrieb; sein persisches Staatshandbuch *Siyâsat-nâmeh* (Buch der Politik) ist erhalten; darin ist von den «Batiniten», also den Ismailiten, ausführlich die Rede. Als Sunnit war er ihr erklärter Feind. Sein Name ist verbunden mit der Gründung einer Reihe von sunnitischen Madrasas, juristisch-theologischen Hochschulen, in Bagdad, Isfahan und mehreren anderen Städten Irans, die seinen Namen – *Nizâmiyya* – trugen und an die er bedeutende sunnitische Religionsgelehrte als Professoren berief. Er war der Minister, der für die Angriffe auf die Burg Alamût in den beiden vorausgegangenen Jahren verantwortlich war; das wurde ihm nun zum Verhängnis.

Der Attentäter wird als «dailamitischer Knabe» bezeichnet, also aus Dailam, der Landschaft von Alamût stammend. Er versuchte zu fliehen, war also kein Selbstmordattentäter, doch dürften er und seine vielen Nachfolger immer mit dem eigenen Tod gerechnet haben. Es war ein politisches Attentat: beseitigt wurde einer der höchsten Repräsentanten des politisch-religiösen Systems, dem die Ismailiten oder «Batiniten» den Kampf angesagt hatten. Aber der Gewaltakt hatte eine neue Qualität:

Bisher hatten die Ismailiten in ihrer fast zweihundertjährigen Geschichte noch nie zu dieser Waffe gegriffen. Es gab dazu wohl auch keinen Befehl von der Zentrale in Kairo; die Fatimiden-Kalifen haben zwar stets versucht, die sunnitischen Reiche durch ihre Propaganda zu unterwandern und auch hier und da bewaffnete Aufstände vorzubereiten, doch haben sie weder vorher noch nachher jemals Meuchelmörder ausgesandt. Hasan-e Sabbâh hatte hier begonnen, seinen eigenen Weg zu gehen.

Der aus Mossul stammende Geschichtschreiber Ibn al-Athîr (1160–1233), dessen Annalen auch im Folgenden mehrfach zitiert werden, berichtet über die Ursache des Hasses der Batiniten auf den Wesir und des ersten Attentats eine Geschichte, die in dem Städtchen Sâve (südwestlich von Teheran, nordwestlich von Qom/Ghom) ihren Anfang nimmt: «Von der batinitischen und ismailitischen Werbung hörte man zum ersten Mal zur Zeit Sultan Malik Schâhs. Achtzehn von diesen Leuten versammelten sich in Sâve und hielten das Festgebet. Der Polizeichef erfuhr davon, nahm sie fest und sperrte sie ein. Man forschte ihnen nach, doch dann ließ man sie wieder laufen. Das war die erste Versammlung, die sie [öffentlich] abhielten. Dann umwarben sie einen Gebetsrufer aus Sâve, der sich in Isfahan aufhielt, doch der gab ihrer Werbung kein Gehör. Da sie fürchteten, er könne sie verraten, brachten sie ihn um; das war das erste Mordopfer und das erste Blut, das sie vergossen. Die Kunde davon kam zu Nizâm al-Mulk, und der befahl, diejenigen zu verhaften, die des Mordes verdächtig waren. Der Verdacht fiel auf einen Zimmermann namens Tâhir; der wurde hingerichtet und verstümmelt, und man schleifte ihn durch den Sûq. Er war also der erste aus *ihren* Reihen, der getötet wurde… Daraufhin ermordeten die Batiniten Nizâm al-Mulk; das war der erste spektakuläre Meuchelmord, der ihnen gelang. Sie sagten: Er hat den Zimmermann umgebracht; nun bringen wir ihn um!» Was zunächst nur ein einfacher Racheakt war, wurde bald zur Methode.

Der Prinz Nizâr und der Abfall Hasan-e Sabbâhs

Nach der Doktrin der Ismailiten wurde das Charisma des Imams vom Vater auf den Sohn übertragen, und zwar durch einen Akt der Designation (*nass*), der allerdings kein öffentlicher Akt war, sondern sich im engsten Familienkreis und hinter den Palastmauern vollzog. War ein Imam-Kalif gestorben, präsentierte der Palast der Öffentlichkeit den Nachfolger. Die Chroniken lassen gelegentlich durchblicken, dass es dabei auch zu Palastintrigen und Haremsrivalitäten gekommen ist. Wenn aber die Frage der Nachfolge strittig war und zwei oder mehr Prätendenten auftraten oder von rivalisierenden Palastcliquen proklamiert wurden, kam es regelmäßig zu einem Schisma.

So geschah es, als der 18. Imam, der alte Kalif al-Mustansir, im Dezember 1094 nach achtundfünfzigjähriger Herrschaft in Kairo starb. Er hinterließ mehr als zehn Söhne, deren ältester, der Prinz Nizâr, damals bereits neunundvierzig Jahre alt, offenbar von vielen als der künftige Imam-Kalif angesehen wurde. Doch es kam anders. Der eigentliche Machthaber in Ägypten war der Oberbefehlshaber der Armee, der Armenier al-Afdal, der nach dem Tode seines Vaters Badr (s. o. S. 19) dessen Titel und Machtfülle übernahm. Al-Afdal wollte lieber einen jüngeren Prinzen als Kalif, um ihn leichter lenken zu können. So inthronisierte er in einem Handstreich, die drei ältesten Prinzen übergehend, den erst etwa zwanzigjährigen Ahmad unter dem Thronnamen *al-Musta'lî billâh* (der von Gott Erhöhte), und verheiratete ihn mit seiner Tochter.

Die drei übergangenen Prinzen weigerten sich, dem jüngeren Bruder zu huldigen; der älteste, Nizâr, floh nach Alexandria und trat offen als Rebell auf, während die beiden anderen, im Palast festgehaltenen, zur Anerkennung des *fait accompli* gezwungen wurden. Nizâr konnte auf zahlreiche Anhänger zählen, denn auch in der religiösen Organisation regte sich Widerstand gegen den Gewaltstreich des Militärdiktators, der alle religiösen Überlieferungen der Ismailiten mit Füßen trat. Nizârs Widerstand wurde allerdings bald gebrochen: Im November 1095 musste das belagerte Alexandria kapitulieren. Nizâr wurde nach Kairo

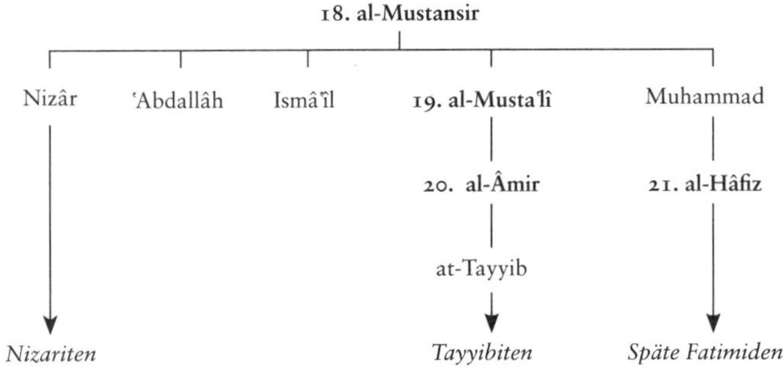

verbracht und beseitigt; es heißt, er sei lebendig eingemauert worden.

Für seine Anhänger jedoch war Nizâr der 19. Imam; man gab ihm den Beinamen *al-Mustafâ* (der Erwählte). Die «Nizâriten» bildeten nun die Opposition zum fatimidischen Kalifat, das seine Imamenreihe mit dem jungen al-Musta'lî als neunzehnter Imam fortsetzte, der auch von den Ismailiten im Jemen anerkannt wurde. (Diese fatimidische Imam-Reihe endet mit dem Sturz der Fatimiden durch Sultan Saladin im Jahre 1171.) In Ägypten hatten die Anhänger Nizârs keine Zukunft. Anders in Syrien, dem Irak und dem Iran: Hier hielt man an seinem Imamat fest und fand damit zugleich eine Möglichkeit, sich von Kairo zu emanzipieren.

Alamût ging dabei voran. In seiner Autobiographie berichtet Hasan-e Sabbâh, dass er sich schon bei seinem Ägyptenaufenthalt mit dem damals etwa fünfunddreißigjährigen Kronprinzen Nizâr angefreundet und mit dem Militärdiktator Badr überworfen habe. Mangels Quellen wissen wir nicht, wie Hasan-e Sabbâh sich jetzt, nach Nizârs Tod, die Nachfolge im Imamat vorstellte – ob er an ein Weiterleben des «entrückten» Nizâr und seine baldige Wiederkehr als der Mahdi glaubte oder ob er auf einen der Söhne des Getöteten setzte. Jedenfalls wurden die «Batiniten» von Alamût nun zu «Nizariten».

Während sich Nizâr in Alexandria verzweifelt gegen die Belagerer wehrte, rief am 28. September 1095 auf einer Synode im fernen Clermont Papst Urban II. zur Befreiung des Grabes Christi aus der Gewalt der Ungläubigen auf und löste damit den ersten Kreuzzug aus.

Die Herrschaft Hasan-e Sabbâhs (1090–1124)

«Hasan-e Sabbâh hat von dem Tag an, da er auf die Burg von Alamût kam, für die Dauer von achtunddreißig Jahren – bis er diese Welt verließ – zu keinem Zeitpunkt die Burg verlassen, und auch aus dem Haus, das ihm zum Aufenthalt diente, ist er nicht öfter als zweimal herausgekommen, und zweimal ist er auf das Dach des Hauses gestiegen... Die Zeit bis zu seinem Tode hat er in dem Haus, in dem er zurückgezogen lebte, mit dem Lesen von Büchern, der Fixierung der Worte der Verkündigung (*da'wa*)und der Lenkung der Angelegenheiten seines Staates verbracht, und zwar in äußerster Askese, Frömmigkeit und Gottesfurcht.» Mit diesen Worten schließt ein anonymer Redaktor die Autobiographie Hasan-e Sabbâhs, den seine Anhänger ehrfurchtsvoll *Sayyidnâ* (Unser Herr) nannten.

Seine Hauptsorge galt der Sicherung und Ausweitung seiner Herrschaft. Begünstigt wurde das durch die inneren Wirren, die das Seldschukenreich erschütterten. Einen Monat nach der Ermordung seines Wesirs war Sultan Malik Schâh im November 1092 plötzlich gestorben. Er hinterließ vier Söhne im Alter von dreizehn, zehn, acht und vier Jahren, hinter denen jeweils ehrgeizige Haremscliquen standen. In den nun ausbrechenden Bruderkrieg griffen auch noch ein machtgieriger Onkel und ein Vetter ein. Die Kämpfe sollten sich bis 1104 hinziehen; die gegen die «Batiniten» entsandten Truppen wurden anderswo gebraucht, und Hasan-e Sabbâh verstand es, die ihm gewährte Atempause zu nutzen.

Schon 1091, ein Jahr nach der Eroberung von Alamût, brachten die Ismailiten die Burg Samankûh bei Abhar, 100 Kilometer südwestlich von Qazvîn, in ihre Gewalt. Im Oktober 1096 überrumpelte Hasan-e Sabbâhs Vertrauter Bozorg Omîd die Burg Lamassar, die etwa 30 Kilometer westlich von Alamût lag, in einem nächtlichen Handstreich und tötete den Burgherrn. Lamassar lag auf einem isolierten, schräg abfallenden Felsplateau über dem Tal des Flusses Schâh Rûd und deckte den Zugang nach Alamût von Westen. In der *Vita* heißt es: «Der Berg dort war wüst, und auf seinem Gipfel gab es nur ein paar verfallene Gebäude; es gab weder Wasser noch Grün in der Nähe, und das Klima war äußerst heiß. Unser Herr (*Sayyidnâ*) befahl, man solle den Ort wiederbeleben; so schnitt man vom Flüsschen Nîne Rûd, das zweieinhalb Parasangen (ca. 15 Kilometer) entfernt war, eine Wasserrinne in den Fels und führte von dort das Wasser auf den Gipfel der Burg. Innerhalb der Burg legte man Mühlen, Gärten, eine Ölpresse und Kühlräume an, und am Fuß der Burg entstanden eine Siedlung und Gärten, und es wurde sogar ein Pavillon inmitten eines Gartens gesetzt. Das Klima wandelte sich zum Besseren, und die [Lebensumstände in der] Burg wurden ausgeglichener, so dass man auf der ganzen Welt keine angenehmere Burg als diese finden konnte.» Noch heute sind auf dem nach Süden geneigten Felsplateau, das an allen Seiten außer im Norden steil abfällt, die Ruinen mehrerer Türme und zahlreiche aus dem Fels gehauene überdeckte Zisternen zu sehen, für die man ein Fassungsvermögen von etwa 400 000 Litern errechnet hat – eine Menge, die ausgereicht hätte, 500 Mann und 50 Reittiere für drei Monate zu versorgen. Lamassar war denn auch eine der letzten Burgen, die die Mongolen 1257 erst nach über einjähriger Belagerung eroberten.

Etwa 250 Kilometer östlich von Teheran lag auf einem isolierten, steilen Felskegel die Burg Gerdkûh (Runder Berg), die eine der Hauptrouten nach Ostiran und Zentralasien beherrschte. Sultan Barkyâruq, der älteste der vier Söhne Malik Schâhs, ließ die verfallene Burg 1096 durch einen Gefolgsmann restaurieren, ausbauen und mit Vorräten versehen, nicht ahnend, dass dieser Burgherr sich heimlich zur ismailitischen Lehre bekehrt hatte und insgeheim als Statthalter Hasan-e Sabbâhs wirkte, ehe er schließlich die Maske fallen ließ und offen auf die Seite der «Batiniten» trat, die er mit viel Geld unterstützte. 40 Jahre lang hat er die Burg für Hasan-e Sabbâh gehalten; auf ihn geht ein gut Teil der Zisternen und Brunnen

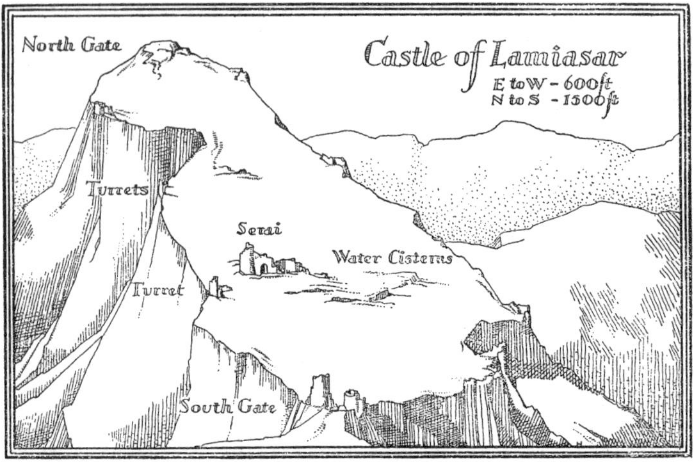

Der Burgfelsen von Lamassar, dem zweiten Stützpunkt der Assassinen im Norden Irans

zurück, die es der Burg später ermöglichten, der Eroberung durch die Mongolen 17 Jahre lang (1253–1270) zu trotzen.

Aber nicht nur in den unzugänglichen Bergen südlich des Kaspischen Meeres waren die Batiniten erfolgreich. Sie hatten auch in der Gegend am Persischen Golf im Bergland zwischen den Provinzen Fârs – der antiken Persis – und Khûzistân Anhänger. Durch diese Gegend war Hasan-e Sabbâh bei seiner Rückkehr aus Ägypten gezogen und hatte dort auch später mehrfach missioniert. Dort besetzten sie «die Burg an-Nâzir in Khûzistân und die Burg at-Tunbur, zwei Parasangen von Arradschân entfernt. Eingenommen wurden sie von dem Schuster Abû Hamza, einem Mann aus Arradschân, der nach Ägypten gereist und als Missionar zurückgekehrt war» (*Ibn al-Athîr*).

Wie weit der Arm Hasan-e Sabbâhs reichte, zeigen ferner die Vorgänge rund um Isfahan, die Metropole der Seldschuken-Sultane. Die Burg von Khânlandschân, fünf Parasangen von Isfahan entfernt, hatte dem Sohn des Wesirs Nizâm al-Mulk gehört und war dann in den Besitz des Gouverneurs von Khûzistân übergegangen. «Der hatte dort einen Türken [als Kastel-

Gerdkûh: Die Burg der Assassinen trotzte den Mongolen bis 1270.

lan] eingesetzt. Bei dem hatte sich ein batinitischer Zimmermann eingefunden, hatte ihm ein üppiges Geschenk überreicht und sich ihm angeschlossen, so dass er ihm vertraute und ihm die Schlüssel der Burg überließ. Der nun lud den Türken und seine Leute ein, bewirtete sie mit Wein und machte sie betrunken» (*Ibn al-Athîr*). Mithilfe herbeigerufener Gesinnungsgenossen wurde die Besatzung niedergemacht und die Burg in Besitz genommen.

Wie in allen großen Städten des Seldschuken-Reiches war die ismailitische Werbung auch in der Hauptstadt Isfahan – in der Höhle des Löwen – schon seit Langem tätig, wenn auch unter ganz besonderen Vorsichtsmaßnahmen. Erinnern wir uns, dass Hasan-e Sabbâh selber vor und nach seinem Ägyptenaufenthalt hier tätig gewesen war. Jetzt wirkte dort in seinem Auftrag ein gewisser Ahmad ibn 'Attâsch, der Sohn seines einstigen Mentors, als Verkäufer von Baumwollstoffen getarnt; in einem Missionshaus (*dâr ad-da'wa*) vor den Toren der Stadt hielt er seine geheimen Lehrsitzungen für die Eingeweihten ab. Mit der Einnahme der Burg Schâh-Dez, nur acht Kilometer südlich von Isfahan, gelang diesem ein Erfolg, der nicht minder spektakulär war als der Coup von Alamût selbst, dessen Muster er folgte.

Schâh-Dez, die «Königsburg», verdankte ihren Namen dem Neubau durch Sultan Malik Schâh, der zum Schutz der Hauptstadt Isfahan auf antiken sasanidischen Ruinen eine gewaltige Anlage errichtet hatte – etwa einen Kilometer lang und bekrönt von einer mächtigen Zitadelle mit bis zu fünf Meter hohen Mauern. Der ismailitische Da ʿi soll sich der dailamitischen Besatzung als Lehrer angedient und das Vertrauen des Kastellans erworben haben, nach dessen Tod er selbst das Kommando übernahm. Er konnte es sieben Jahre lang unangefochten behaupten, da die Sultanssöhne in ihren Bruderkampf verbissen waren.

Auch im Osten Irans, in der Provinz Quhestân am Ostrand der Salzwüste Dascht-e Kavîr, waren Geländegewinne zu verzeichnen: Hier kontrollierten Hasan-e Sabbâhs Sendboten die kleinen Oasenstädte Tabas, Tûn, Qâyen, Zûzan, Khûsf und Khvôr (Hûr).

Damit verfügten die Nizârî-Ismailiten oder Batiniten um 1100 in Iran über mehr als ein Dutzend befestigter Stützpunkte, eine Art Staat im Staate, der dem Befehl des Mannes in Alamût bedingungslos gehorchte. Zudem versuchten sie durch eine Reihe spektakulärer Attentate, das Regime der Seldschuken-Sultane zu destabilisieren.

Die Attentatsliste von Alamût

Über die gelungenen Anschläge wurde in Alamût sorgfältig Buch geführt. Die Liste ist erhalten; sie ist überliefert bei den persischen Geschichtsschreibern Raschîd ad-Dîn (1247–1318) und Kâschânî (gest. ca. 1337). Sie stammt – wie die *Vita* des Hasan-e Sabbâh – aus der Bibliothek von Alamût, die nach der Einnahme der Burg durch die Mongolen 1256 von dem Wesir Dschuwainî gesichtet wurde.

Auch wenn die Liste gelegentliche Ungenauigkeiten bei den Daten aufweist, wird sie doch durch die Informationen bestätigt, die die zeitgenössischen persischen und arabischen Chroniken und Annalen über die Attentate auf hochgestellte Persönlichkeiten liefern. Sie enthält jedoch auch Angaben, die den

Chronisten nicht zur Verfügung standen: Sie verzeichnet die Namen der Attentäter – offenbar um ihnen ein ehrendes Andenken zu bewahren. In der Liste wird der batinitische Glaubensgenosse stets *rafîq*, d. h. Gefährte oder Genosse, genannt, während der, der zu einem Anschlag auserwählt wird, als *fidâ'î* bezeichnet wird. Das Wort ist vom arabischen *fidâ'* «Loskauf, Lösegeld» abgeleitet; der *fidâ'î* ist also jemand, der sich als Lösegeld gibt, d. h. sich aufopfert. Der Begriff ist nicht spezifisch ismailitisch und keineswegs den «Assassinen» vorbehalten; noch in der jüngsten Vergangenheit wurde er als Selbstbezeichnung palästinensischer Aktivisten in der Form *fedâiyîn* – eigentlich der Genitiv Plural – auch in unseren Medien popularisiert. Doch ist festzuhalten, dass ein Zusammenhang mit den Ismailiten nicht existiert; die Bezeichnung ist allgemein islamisch.

Für die Zeit Hasan-e Sabbâhs (1090–1124) verzeichnen die Liste und die zeitgenössischen Chroniken nicht weniger als 50 gelungene Anschläge; eine gewisse Dunkelziffer ist anzunehmen. Dazu kommen Überfälle auf die Pilgerkarawane wie 1105 in der Nähe von Rey: «Die Karawane der Mekkapilger aus Transoxanien, Khorâsân (Ostiran), Indien und anderen Ländern hatte sich gesammelt und war bis in die Nähe von Rey gekommen. Da fielen die Batiniten in der Morgendämmerung über sie her und hieben sie nieder, töteten sie willkürlich, raubten ihr Geld und ihre Reittiere und ließen nichts zurück» (*Ibn al-Athîr*). Auf Plünderungszügen über Land raubten sie Geld und Frauen.

Opfer der Anschläge waren vor allem die hohen politischen, militärischen und religiösen Würdenträger des sunnitischen Seldschuken-Regimes. Einen Herrschermord hat Hasan-e Sabbâh zwar nicht unter seinen Triumphen verbuchen können, dafür hat er aber außer Nizâm al-Mulk und seinem Sohn Ahmad vier weitere Wesire verschiedener Sultane töten lassen. Die hohen Militärs (Emire, arab. *amîr* «Befehlshaber»), Gouverneure und Beamte – darunter der Polizeichef (*schihna*) von Bagdad – stellten mit etwa 20 bekannten Opfern die größte Gruppe, gefolgt von den religiösen Würdenträgern: den Kanzelpredigern, den Kadis (Richtern) von Nischapur (der Metropole Ostirans, nahe dem heutigen Meschhed), von Kermân (Zentraliran) und

Isfahan, und den Muftis. Letztere sind die Religionsgelehrten, die qualifiziert sind, Rechtsgutachten (*fatwâ*) in allen Angelegenheiten abzugeben, die mit der Religion zu tun haben, und das waren mehr oder weniger alle. Sie wurden mit besonderer Erbitterung verfolgt, da ihre Fatwas die ismailitisch-batinitische Lehre als ketzerisch verdammten und die Hinrichtung ihrer Bekenner für erlaubt erklärten. Ermordet wurden zwei Muftis der Hauptstadt Isfahan, zwei von Rey, einer von Qazvîn, der «das Blut der Nizariten» für erlaubt erklärt hatte, und einer von Gorgân (an der Südostecke des Kaspischen Meeres).

Die Schauplätze der Attentate umreißen zugleich den Aktionsradius der Fidâ'îs. Meist agierten die Attentäter als Gruppe; manchmal ist von vieren die Rede, einmal sogar von elf. Dabei traten sie meist nacheinander in Erscheinung: wenn die Attacke des ersten für Chaos sorgte, nutzen die anderen die Verwirrung, um zuzuschlagen. Die Sendboten aus Alamût kamen nicht bei Nacht und Nebel, sondern suchten für ihre Taten bewusst ein großes Publikum, mit Vorliebe in den Freitagsmoscheen, die in Isfahan und Nischapur mehrfach zum Tatort wurden.

Das hatte in aller Regel den Tod der «sich Opfernden» zur Folge, die an Ort und Stelle hingerichtet oder gelyncht wurden, doch manchmal gelang ihnen auch die Flucht. «Am letzten Tag des Ramadân dieses Jahres [8. August 1110] wurde in Isfahan der Emir Beklabek Sarmaz im Palast des Sultans Muhammad ermordet. Er war vor den Batiniten sehr auf der Hut, trug stets einen Brustpanzer und umgab sich mit Leibwächtern, doch an diesem Tag trug er keinen Panzer [vielleicht wegen des bevorstehenden Festes des Fastenbrechens]. Er betrat den Palast des Sultans mit wenigen Begleitern; da ermordeten ihn die Batiniten. Einer wurde getötet, ein anderer entkam» (*Ibn al-Athîr*). Dazu vermerkt die Liste von Alamût: «Ermordung des Emirs Beklabek in Isfahan im Palast des Sultans».

Besonders spektakulär war der Anschlag, der am 16. Mai 1116 bei einem Staatsbesuch in Bagdad gelang. «Am 1. Muharram dieses Jahres stattete Tughtegin, der Atabeg von Damaskus, dem Palast Sultan Muhammads in Bagdad einen Besuch ab. Zahlreiche Emire waren zugegen, darunter der Kurde Ahmadîl …, der Herr von Marâgha und anderen Städten in Aserbeidschan; der saß neben Tughtegin. Da erschien ein Mann, der eine Beschwerde vorbringen wollte. Er hatte einen Zettel in der Hand, weinte und bat, man möge diesen dem Sultan zuleiten. Wie er [Ahmadîl] ihm nun den Zettel aus der Hand nahm, traf der Mann ihn mit einem Dolch. Ahmadîl zog den Dolch [aus der Wunde] und ließ ihn zu Boden fallen. Da stürzte sich ein Spießgeselle des Batiniten auf Ahmadîl und versetzte ihm einen weiteren Dolchstich; beide wurden niedergehauen. Da näherte sich ein weiterer Genosse der beiden und versetzte Ahmadîl noch einen Stich. Die Umstehenden waren verblüfft über sein Erscheinen, nachdem seine beiden Gefährten bereits getötet waren. Alle glaubten zunächst, der Anschlag habe Tughtegin gegolten, und der Sultan habe ihn befohlen; erst als man feststellte, dass es sich um Batiniten handelte, zerstreute sich der Verdacht» (*Ibn al-Athîr*). Die von allen islamischen Herrschern und Großen praktizierte Gewohnheit, bei ihren Audienzen, Ausritten oder sonstigen öffentlichen Auftritten persönlich Beschwerden und Petitionen entgegenzunehmen, bot den Attentätern eine günstige Gelegenheit, die sie häufig nutzten; schon der Mörder des Wesirs Nizâm al-Mulk war als Bittsteller an dessen Sänfte herangetreten.

Die Liste von Alamût vermerkt die Tat lapidar: «Ermordung des Kurden Ahmadîl, des Milchbruders Sultan Muhammads, des Sohnes Malik Schâhs, … durch vier Genossen aus Aleppo, im Muharram des Jahres 510» (Mai 1116). Wir konstatieren die Ausweitung der Kampfzone nach Westen: Bagdad und Aleppo kommen ins Bild.

Maßnahmen gegen den Terror

Solange die vier Söhne Sultan Malik Schâhs und ihre Onkel und Vettern in ihre Nachfolgekämpfe verstrickt waren, konnte Hasan-e Sabbâh seine Macht weitgehend ungestört ausdehnen. Das änderte sich, nachdem der jüngste Bruder Mahmûd gestorben und der Onkel Tutusch 1095 gefallen war. Nun konnte sich der älteste Sohn des verstorbenen Sultans, Barkyâruq, als oberster Herrscher durchsetzten, indem er seine Brüder Muhammad in Aserbeidschan und Sandschar in Ostiran mit eigenen Fürstentümern abfand. Doch der Konflikt der Brüder zog sich noch bis 1104 hin.

Die Gefahr, die von den Batiniten drohte, ging indes nicht nur von deren Burgen und den ausgesandten Attentätern aus, sondern kam nun zunehmend auch aus den Reihen der Truppen der Sultane selbst. In den Heeren der kämpfenden Prinzen gab es zahlreiche Einheiten aus Dailam, dem Bergland südlich des Kaspischen Meeres, der Landschaft von Alamût. Die Dailamiten, rauhe Gebirgler, verdingten sich in großer Zahl als Söldner in Iran, im Irak und sogar im fatimidischen Ägypten; sie spielten im 10. und 11. Jahrhundert im Orient eine ähnliche Rolle wie die Schweizer in Europa seit dem 15. Jahrhundert. Unter ihnen fand die batinitische Werbung bereitwillig Aufnahme; ganze Einheiten waren heimliche Anhänger von Alamût und wurden von Sendboten Hasan-e Sabbâhs betreut und indoktriniert. Sultan Baryâruq wurde deshalb von seinem Bruder Muhammad beschuldigt, er bediene sich der Batiniten im Bruderkampf. Aber nicht nur dieses Gerücht, das seinen Ruf zu ruinieren drohte, veranlasste Barkyâruq, im Jahre 1101 gegen die subversiven Machenschaften vorzugehen.

«Als die Sache der Batiniten gefährlicher wurde, ihre Macht erstarkte und ihre Zahl zunahm, kam es zwischen ihnen und ihren Feinden zu Ausbrüchen von Groll und Hass. Als sie nun mehrere bedeutende Emire umbrachten und die Mehrzahl der Opfer zum Anhang Muhammads, des Gegners Sultan Barkyâruqs, gehörte, … schoben die Feinde Barkyâruqs das diesem in die Schuhe und verdächtigten ihn, er neige selbst [den Batiniten] zu. Als Sultan Barkyâruq nun gesiegt, seinen Bruder verdrängt und dessen Wesir … hingerichtet hatte, unterwanderten einige von [den Batiniten] das Heer, umgarnten viele von den Soldaten und gewannen sie für ihre Lehre, und es fehlte nicht viel, so hätten sie ihre Zahl und Stärke offen gezeigt. Einige ihrer führenden Leute fanden sich im Heer ein, und ihr Einfluss wurde übermächtig; sie begannen, diejenigen zu bedrohen, die nicht mit ihnen morden wollten. Wer gegen sie war, begann sie zu fürchten, so dass niemand – weder Befehlshaber noch Offizier – es mehr wagte, ungeschützt sein Haus zu verlassen. Alle trugen Panzer unter ihren Gewändern, der Wesir ... Abû l-Mahâsin sogar einen Kettenpanzer. Die Höflinge baten Sultan Barkyâruq um Erlaubnis, bewaffnet vor ihm erscheinen zu dürfen, und gestanden ihm ihre Furcht vor denen, die sie bekämpften; daraufhin gestattete er es ihnen. Man drängte den Sultan, er solle [die Batiniten] vernichten, bevor es unmöglich würde, mit ihnen fertig zu werden, und berichtete ihm, dass man ihn selbst verdächtige, ihrer Lehre zuzuneigen; die Soldaten seines Bruders Muhammad bezichtigten ihn dessen und riefen sogar in der Schlacht Gott gegen ihn auf mit dem Schlachtruf *Yâ Bâtiniyya*! [etwa: Drauf auf die Batiniten!]. Alle diese Motive kamen zusammen, und so gab der Sultan die Genehmigung, sie umzubringen. Er selbst ritt mit seinen Soldaten los, um sie aufzuspüren; man holte eine Anzahl aus ihren Zelten, und nur wer nicht [als Batinit] erkannt wurde, kam davon.» (*Ibn al-Athîr*)

Den Säuberungen fielen auch prominente Emire zum Opfer, so z.B. der Gouverneur der zentraliranischen Provinz Yazd, der ebenso wie der des benachbarten Kermân mit den Batiniten sympathisierte. Auch die beiden Brüder des Sultans gingen in ihren Machtbereichen gegen die Burgen und Dörfer der Batiniten vor. In Ostiran wurde 1101 ihre Hochburg Tabas belagert und mit Katapulten beschossen, doch konnten die Einwohner den seldschukischen Feldherrn durch Bestechung zum Abzug bewegen.

Nach dem Tod Sultan Barkyâruqs im Jahr 1105 gelangte sein Bruder Muhammad zur Oberherrschaft. Eine Truppe, die 1107 in die Täler von Dailam entsandt wurde, musste vor dem Widerstand der Leute Hasan-e Sabbâhs umkehren. Erfolgreicher war sein Vorgehen gegen den eigentlichen Dorn im Fleisch, die Burg Schâh-Dez, die in unmittelbarer Nähe der Hauptstadt Isfahan lag (s.o. S. 31 f.). «Als nun das Sultanat unangefochten Muhammad zufiel, ihm keine weiteren Ziele mehr blieben und ihm nichts mehr so wichtig war wie gegen die Batiniten vorzugehen, sie zu bekämpfen und für ihre Untaten und Bedrückungen den Muslimen Gerechtigkeit zu verschaffen, hielt er es für geraten, mit der Burg bei Isfahan, die in ihren Händen war, den Anfang zu machen. Dort nämlich war der Schaden am größten, denn sie beherrschte den Thron seines Reiches, und so zog er denn selbst am 6. Scha'bân [2. April 1107] aus und belagerte sie.» (*Ibn al-Athîr*).

Agenten in seiner Umgebung suchten den Sultan durch die Falschmeldung zurückzuhalten, der Sultan von Konya (in Kleinasien) sei ins Land eingefallen, und in Ostiran gebe es Unruhen, doch als sich die Gerüchte als falsch herausgestellt hatten, ließ der Sultan seinen Thron auf einem Hügel gegenüber dem Burgberg aufrichten, die Burg einschließen und ihr die Lebensmittelzufuhr abschneiden. «Als [die Belagerten] in höchste Bedrängnis gerieten, schrieben sie eine Fatwâ, in der [dasselbe] stand, was die Gelehrten und religiösen Autoritäten über die Leute sagen, die an Gott, seine [heiligen] Schriften, seine Propheten und den Jüngsten Tag glauben. [Sie versicherten], dass das, was Mohammed – Gott segne ihn und schenke ihm Heil! – gebracht habe, die reine Wahrheit sei; nur was den [wahren] Imam angehe, seien sie anderer Meinung [als die Sunniten]. Ob der Sultan mit ihnen einen Waffenstillstand und ein Abkommen schließen, ihre Unterwerfung annehmen und sie vor allem Übel bewahren könne? Die meisten Religionsgelehrten [des Sultans] waren der Meinung, das sei zulässig, während andere unschlüssig waren. Da vereinbarte man einen Disput» (*Ibn al-Athîr*).

Es kam nun im Lager und in der Burg zu längeren Verhandlungen, in denen die Batiniten ihre islamische Rechtgläubigkeit nachzuweisen suchten, die jedoch von mehreren Kontrahenten – darunter der Kadi von Isfahan – bestritten wurde. Schließlich einigte man sich auf den freien Abzug der Belagerten. Ein Teil zog tatsächlich ab, aber der Chef der Batiniten, Ahmad ibn 'Attâsch (s. o. S. 31), hielt die Zusagen nicht ein und setzte den Widerstand im höchsten Teil der Burg fort. Der wurde schließlich bezwungen; «die meisten Batiniten wurden getötet; einige mischten sich aber unter die Eindringenden und gelangten so mit ihnen hinaus. Ibn 'Attâsch wurde gefangen. Man behielt ihn eine Woche lang; dann ließ man ihn im ganzen Land herumführen. Schließlich wurde er lebendig geschunden; das ertrug er, bis er starb. Seine Haut wurde mit Stroh ausgestopft. Sein Sohn wurde hingerichtet, und die Köpfe beider wurden nach Bagdad [zum Kalifen] gebracht. Seine Ehefrau stürzte sich von der Höhe der Burg in den Tod. Sie besaß kostbare Juwelen ohnegleichen; die gingen so verloren. Die Prüfung durch Ibn 'Atttâsch hatte zwölf Jahre gedauert.» (*Ibn al-Athîr*) Der Sultan ließ seinen Erfolg durch ein langes Siegesmanifest im ganzen Reich verbreiten; der Damaszener Chronist Ibn al-Qalânisî hat es im vollständigen Wortlaut bewahrt.

Zugleich versuchte der Wesir Ahmad, der Sohn des Nizâm al-Mulk, der den Titel seines 1092 ermordeten Vaters geerbt hatte, Alamût einzunehmen, doch zwang ihn der Winter, den Feldzug abzubrechen (1107/1108). Die Vergeltung folgte im Februar/März 1110: «Der Wesir Nizâm al-Mulk [d.J.] begab sich in die Freitagsmoschee [von Isfahan]. Da fielen die Batiniten über ihn her und versetzten ihm mehrere Stiche mit ihren Dolchen. Er wurde am Hals verletzt und lag eine Zeit lang danieder; dann erholte er sich wieder. Der Batinit, der ihn getroffen hatte, wurde ergriffen; man flößte ihm Wein ein, bis er betrunken war, und fragte ihn dann nach seinen Spießgesellen. Er benannte einige Leute, die sich in der Ma'mûniyya-Moschee aufhielten; die wurden verhaftet und hingerichtet» (*Ibn al-Athîr*). Im Juli 1111, am Tag des schiitischen 'Âschûrâ-Festes, wurde der zweite Sohn Nizâm al-Mulks, Fakhr al-Mulk, der Wesir Sultan Sandschars, im ostiranischen Nischapur ermordet.

Im Jahr 1109 wurde bei Qazvîn am Fuß der nördlichen Berge ein weiteres Heer gesammelt, das allerdings die Burg von Lamassar nicht einnehmen konnte. Man versuchte es auch hier mit Disputen; mehrere Religionsgelehrte wurden zu Hasan-e Sabbâh gesandt, um in Erfahrung zu bringen, ob seine Lehren mit dem Islam vereinbar seien. Auch Hasan-e Sabbâh selbst und sein Stellvertreter in der Burg Lamassar, Bozorg Omîd, griffen in die Dispute ein. «Manchen Tag diskutierte und disputierte man; draußen aber schimpften und fluchten die Soldaten». Zu einer Einigung kam es nicht.

Im Frühjahr 1117 beauftragte Sultan Muhammad – damals schon schwer krank – den Türken Anuschtegin, den Gouverneur von Sâve und Âbe (südlich bzw. südwestlich von Qazvîn) mit der Einnahme der Burgen. Der konnte auch zwei Burgen in der Nähe von Qazvîn einnehmen, indem er die Besatzung unter freiem Geleit nach Alamût abziehen ließ. Am 4. Juni schloss er die Burg von Lamassar ein und stellte am 13. Juli seine Katapulte am Fuß von Alamût selbst auf. «Der Sultan schickte ihm mehrere Emire zur Verstärkung. So belagerte er die Burg, wobei er sich im Kampf durch Talent und Scharfblick auszeichnete. Er teilte jeweils einigen Emiren bestimmte Monate zu, während derer sie anwesend zu sein hätten; so lösten sie sich ab und erschienen [im Turnus], während er selbst vor Ort blieb. Der Sultan schickte ihm Proviant, Ausrüstung und Männer. Da wurde es für die Batiniten eng; die Lebensmittel und anderes gingen ihnen aus. Als es für sie schlimm wurde, schickten sie ihre Frauen und Kinder hinunter, damit sie um eine Sicherheitsgarantie (*amân*) ersuchten und bäten, dass ihnen und ihren Männern der Weg freigegeben und freies Geleit gewährt würde. Man gab ihnen jedoch keine zustimmende Antwort und schickte sie in die Burg zurück, damit sie alle Hungers stürben. [Hasan-e Sabbâh] teilte jedem Mann pro Tag einen Brotfladen und drei Nüsse zu.»

Da die Regierungstruppen gegen die Burgen nichts ausrichten konnten, zündeten sie das Getreide in den umliegenden Tälern an und versuchten, die Besatzungen auszuhungern. Ein Passus in der *Vita* Hasan-e Sabbâhs schildert die Nöte seiner Leute: «Die Genossen kämpften und hielten der Prüfung stand; sie widerstanden der Plage und zogen aus der äußersten Not ihre Kraft. Täglich erhielt jeder Mann als Sold Gerste im Gewicht von einem Dirham (3,12 g), die er auf den Zinnen verzehrte... Manche ernährten sich von Spänen, Holz und den Kernen und Wurzeln von Pflanzen. Sie verstanden dies als den Preis für das Jenseits, und sie ermunterten einander mit den Worten: ‹Diese Prüfungen erdulden wir für Gott, den Propheten, den Imam und die wahre Religion. Für die Unterstützung der wahren Glaubensrichtung ist diese Prüfung leicht; was haben nicht alle Propheten von den Unwissenden und dem Pöbel an Mühe und Not erduldet, bis sie die Gnade des erhabenen Gottes erlangten!› Jeden Tag wurden sie im Kampf stärker, kühner und kraftvoller, und nachts unternahmen sie Angriffe und Überfälle auf die Feinde. Als diese ihre Ausdauer, Standhaftigkeit, Geduld und Entschlossenheit sahen, zeigten sie sich beeindruckt und riefen laut: ‹Gut gemacht! Bravo, ihr tapferen Männer!›»

«Als es nun bei ihnen zum äußersten kam und die Not am größten war, erreichte sie die Nachricht vom Tod Sultan Muhammads». Der Sultan war am 18. April 1118 im Alter von 36 Jahren gestorben. Die Truppen vor Alamût zerstreuten sich, während Hasan-e Sabbâhs Leute ihr Lager plünderten und alle Vorräte, Kriegsgerät und Waffen in ihre eigenen Burgen schleppten.

3. Die Batiniten in Syrien

Der erste Kreuzzug

Das Heer der Kreuzfahrer, die dem Aufruf Papst Urbans II. vom September 1095 gefolgt waren, erschien nach seinem Marsch durch Kleinasien im Oktober 1098 vor Antiochia (*Antâkiya*) und begann, unterstützt von einer genuesischen Flotte, sogleich mit der Belagerung der schwer befestigten Stadt.

In Syrien stießen die Franken – die *Frang* oder *Frandsch*, wie die Araber sie nannten – auf keine geschlossene Gegenwehr der muslimischen Fürsten. Der Herrscher des nördlichen Syrien, der Seldschuke Tutusch, der Bruder Sultan Malik Schâhs, war 1095 in den Nachfolgekämpfen gefallen; seitdem herrschten dort seine beiden minderjährigen Söhne, geleitet von Atabegen (Prinzenerziehern, von türk. *ata beg* «Herr Vater»): Ridwân in Aleppo und Duqâq in Damaskus. Die beiden Brüder waren Rivalen und lagen miteinander im Konflikt. Zwischen ihren Machtbereichen lavierten in der Flussebene des Orontes lokale arabische oder türkische Machthaber in den Städten Hamâh, Hems (dem antiken *Emesa*) und Afâmiya (*Apameia*). Zwar rafften sich die Herren von Damaskus und Aleppo im Dezember 1097 bzw. Februar 1098 zu halbherzigen Entsatzversuchen für das belagerte Antiochia auf, doch wurden sie nacheinander geschlagen.

Der Süden Palästinas mit Jerusalem und die südliche Levanteküste waren dagegen in der Hand der ägyptischen Fatimiden, der erklärten Feinde der sunnitischen Seldschuken. In Kairo sah man die Bedrängnis der Seldschuken in Syrien nicht ohne Genugtuung. Kairo stand mit den Franken in freundlichen Verhandlungen. Im März 1098 schickte der ägyptische Machthaber, der armenische Generalissimus al-Afdal, eine Gesandtschaft ins Lager der Kreuzfahrer vor Antiochia, die die Führer des Kreuzzuges mit reichen Geschenken bedachte und Christus für den Sieg über das Entsatzheer pries. Kein Wunder, dass bei den Sunniten der – sicher unzutreffende – Verdacht entstand, die schiitischen Ketzer in Kairo hätten die Ungläubigen selbst ins Land gerufen. Ein einiger Widerstand der Muslime gegen die Invasoren war unter diesen Umständen eine Illusion.

Im Juni 1098 fiel Antiochia durch Verrat, und am 15. Juli 1099 erstürmten die christlichen Ritter unter der Führung des Lothringers Gottfried von Bouillon Jerusalem und richteten dort ein Blutbad an. Tripolis im Libanon konnten die Kreuzfahrer erst 1109 erstürmen; das auf seiner Halbinsel schwer befestigte Tyrus (*Sûr*) hielt sich noch bis 1124, während im Süden Askalon, verteidigt von Heer und Flotte der Fatimiden, fest in der Hand der Ägypter blieb.

Als die Franken sich nun im Lande festsetzten, etablierten sich vier größere Herrschaften, in denen sich das abendländische Feudalsystem und die Hierarchie der «lateinischen» Römischen Kirche durchsetzten: im Norden von Aleppo, beiderseits des Euphrat, die Grafschaft Edessa, wo der Lothringer Balduin, der Bruder Gottfrieds von Bouillon, mithilfe der christlichen Armenier seine Macht konsolidierte; das Fürstentum Antiochia unter dem Normannen Boëmund; die Grafschaft Tripolis unter dem Provenzalen Graf Raimund von Toulouse und schließlich im Süden Jerusalem. Zwar hatte der Eroberer Gottfried von Bouillon darauf verzichtet, den Königstitel eines Landes anzunehmen, «in dem Christus die Dornenkrone getragen habe», und sich in frommer Bescheidenheit mit dem Titel eines Sachwalters des Heiligen Grabes (*Advocatus Sancti Sepulcri*) begnügt, doch als er schon nach einjähriger Herrschaft am 18. Juli 1100 starb, hatte sein Bruder Balduin von Edessa, der nun die Herrschaft in Jerusalem übernahm, weniger Skrupel; am Weihnachtstag 1100 ließ er sich in der Geburtskirche in Bethlehem zum ersten König von Jerusalem krönen.

Die Batiniten in Aleppo

In Syrien machte sich der Einfluss von Alamût zuerst in Aleppo (*Halab*) bemerkbar. Der junge türkische Emir Ridwân (1095–1113), der Neffe Sultan Malik Schâhs (s. o. S. 41), spielte dabei eine zwielichtige Rolle. Er war anscheinend schon früh unter den Einfluss eines batinitischen Werbers (*dâ'î*) gekommen, der in den zeitgenössischen Chroniken als «der Weise» (*al-hakîm*) oder «der batinitische Astrologe» bezeichnet wird. Der unterwies den jungen Fürsten in der ismailitischen Geheimlehre, und Ridwân gestattete ihm sogar, in Aleppo ein Missionshaus (*dâr ad-da'wa*) zu eröffnen, wo er seine Lehrsitzungen abhielt. Die Batiniten traten in der Stadt offen auf, und der Emir bediente sich sogar eines Trupps ismailitischer junger Männer zur Verteidigung der Stadtmauern.

Die Hand Hasan-e Sabbâhs machte sich bald bemerkbar. Erstes Opfer eines Anschlags wurde der Emir von Hems, der ehemalige Atabeg (Tutor) Ridwâns. Der kam am 1. Mai 1103 von der Zitadelle von Hems «herunter zur Großen Moschee, um das Freitagsgebet zu halten, umgeben von seinen Trabanten in vollständiger Bewaffnung. Als er den Platz erreichte, an dem er gewöhnlich betete, stürzten sich drei persische Batiniten auf ihn. Bei ihnen war ein Scheich im Gewand eines Asketen, den sie verehrten und dem sie gehorchten; der gab ihnen ein verabredetes Zeichen. Da stachen sie mit ihren Dolchen auf [den Emir] ein und töteten ihn und einige seiner Begleiter. In der Moschee hielten sich zehn Sufis – Perser und andere – auf; die gerieten in Verdacht, und man tötete sie ungerechterweise auf der Stelle bis zum letzten Mann. Die Bewohner von Hems wurden durch diesen Vorfall aufgeschreckt und gerieten in Panik; die meisten Türken, die dort lebten, flohen nach Damaskus. In der Stadt herrschte Chaos». Das berichtet der Damaszener Chronist Ibn al-Qalânisî (etwa 1073–1160), der dieses und die folgenden Ereignisse als Zeitzeuge miterlebt hat.

Der Anstifter, der «batinitische Astrologe», starb noch im selben Monat oder wurde ermordet. Sein Nachfolger in Aleppo wurde ein gewisser Abû Tâhir, genannt «der persische Goldschmied». Dessen erste Tat war drei Jahre später – im Februar 1106 – die Ermordung des Emirs Khalaf von Afâmiya (*Apameia*), der Festung am Rand der Orontes-Ebene, südwestlich von Aleppo. Dieses Attentat hatte eine neue Qualität, weil es sich bei dem Opfer um einen Anhänger der ägyptischen Fatimiden handelte, als deren Agent Hasan-e Sabbâh einst seine Laufbahn begonnen hatte.

Das Attentat von Afâmiya ist aber auch deshalb bemerkenswert, weil hier die Kreuzfahrer zum ersten Mal in Kontakt mit den später von ihnen so genannten Assassinen kamen. Dem Anschlag war die Eroberung des Städtchens Sarmîn (südlich von Aleppo) durch den Normannenfürsten Tankred von Antiochia vorausgegangen. Die Bevölkerung von Sarmîn war vor den Christen geflohen; viele hatten bei dem Emir Khalaf in Afâmiya Zuflucht gesucht. Unter den Flüchtlingen waren auch Batiniten, angeführt von dem Kadi von Sarmîn, einem gewissen Abû l-Fath, der sich bald das Vertrauen des Emirs erschlich. Der Kadi stand in heimlicher Verbindung mit dem Da'i von Aleppo, dem schon erwähnten «persischen Goldschmied», der den Anschlag auf den Emir plante. Vor den Mauern von Afâmiya erschien ein Trupp von 300 Mann, die sich als Ghâzîs, muslimische Freischärler, ausgaben und zum Beweis abgeschlagene Köpfe und erbeutete Waffen – angeblich von erschlagenen Franken – vorwiesen, tatsächlich aber Batiniten aus Sarmîn waren. Sie wurden vom Emir freundlich aufgenommen und in der Vorstadt einquartiert, nachts aber von dem Kadi und seinen Helfern mit Stricken über die Stadtmauer gezogen, so dass sie in die Zitadelle eindringen und den Emir Khalaf, einen seiner Söhne und mehrere seiner Leute töten konnten. Ein weiterer Sohn des Emirs konnte jedoch entkommen. Er begab sich nach Antiochia zu

Tankred und riet dem Fürsten, das nur schwach verproviantierte Afâmiya anzugreifen. Der Normanne folgte dem Rat und hungerte die Stadt aus, die sich gegen eine Sicherheitsgarantie ergab. Dabei fielen die beiden führenden Batiniten, der Kadi von Sarmîn und der «persische Goldschmied» Abû Tâhir, in Tankreds Hände; ersterer wurde zu Tode gefoltert, während der zweite nach Antiochia in die Gefangenschaft geführt wurde, aus der er sich später freikaufte (*Ibn al-Qalânisî*).

Der Handstreich auf Afâmiya – mit einer Truppe von 300 Mann – war wohl nicht ohne das Einverständnis des Emirs Ridwân von Aleppo erfolgt. Dass der seine Hand über die Batiniten hielt, war ein offenes Geheimnis; deshalb geriet er bald unter den Druck seines mächtigen Vetters im Irak und Iran, Sultan Muhammad, der im Osten gegen die Batiniten vorging. Der Sultan ließ seinen Aleppiner Vetter öffentlich von den Kanzeln verfluchen. Daraufhin sah sich Ridwân gezwungen, mehrere Batiniten – darunter der Neffe des Kadi von Sarmîn – zum Schein aus Aleppo zu verbannen, doch insgeheim genossen der «persische Goldschmied», der aus der normannischen Gefangenschaft zurückgekehrt war, und dessen Adepten unverändert seine Gunst.

Ein Zwischenfall im Jahr 1111 ließ die Stimmung in Aleppo jedoch umschlagen. Ein reicher Kaufmann aus Iran, der zugleich sunnitischer Rechtsgelehrter und als solcher ein Feind der Batiniten war, wurde angegriffen, als er im Sûq von Aleppo seine Waren anbot. Seine Leute wehrten sich und töteten die Angreifer. Man vermutete den Emir Ridwân und seine Geldgier hinter dem Anschlag, und die Stimmung der Bevölkerung begann sich nun gegen den Emir und seine batinitischen Schützlinge zu richten.

Diesen gelang jedoch noch ein letzter Schlag im Oktober 1113. Der Emir von Mossul, Maudûd, der in diesem Jahr mit den Muslimen von Mesopotamien und Syrien – mit Ausnahme von Aleppo – gegen die Kreuzfahrer gekämpft hatte, wollte den Winter als Gast seines Verbündeten, des Atabeg von Damaskus, verbringen. Als Maudûd und sein Gastgeber am 2. Oktober nach dem Freitagsgebet Hand in Hand die Große Moschee von

Damaskus verließen, «stürzte ein Mann, den niemand beachtet und um den sich keiner gekümmert hatte, aus der Menge und näherte sich dem Emir Maudûd, als ob er ihm einen Segenswunsch zurufen und ihn um ein Almosen bitten wolle. Rasch ergriff er den Gürtel seines Gewandes und traf ihn mit seinem Dolch zweimal in den Unterleib. Der eine Stoß traf die Hüfte, der andere den Oberschenkel. Gleichzeitig trafen ihn selbst die Schwerter von allen Seiten.» Der Emir schaffte es noch, sich bis zum Nordtor des Moscheehofes zu schleppen, dann brach er zusammen und starb wenig später. Der Kopf des Attentäters wurde ausgestellt in der Hoffnung, jemand könne ihn identifizieren, doch niemand kannte den Mann. Wie häufig in solchen Fällen kam auch jetzt der Verdacht auf, Maudûds Gastgeber, der Atabeg, habe sich des mächtigen Waffenbruders und Konkurrenten auf diese Weise entledigt (*Ibn al-Qalânisî*).

Ein halbes Jahr später, im Frühjahr 1114, nutzten die Batiniten das Osterfest der Christen in Schaizar am Orontes zu einem Handstreich auf die Stadt und die Burg, die auf einem steilen Felsen in einer Schleife des Flusses liegt. Die dort herrschenden lokalen Emire aus der Sippe der Banû Munqidh waren in die Stadt hinuntergestiegen, um den christlichen Zeremonien zuzusehen. Das nutzten etwa 100 Batiniten aus den umliegenden Städten Afâmiya, Sarmîn, Ma'arrat an-Nu'mân und Ma'arrat Misrîn, um Schaizar in ihre Gewalt zu bringen, doch die Banû Munqidh konnten Stadt und Burg zurückerobern; die Batiniten wurden bis auf den letzten Mann niedergemacht und ihre Anhänger in dem Städtchen umgebracht.

Ridwân, der Herr von Aleppo und Beschützer der Batiniten, starb im Dezember 1113; sein Tod führte zu schweren Unruhen in der Stadt. Sein Sohn und Nachfolger, der erst 16 Jahre alt war, stand unter dem Einfluss des Kommandanten der städtischen Milizen, der nun – im Einverständnis mit dem Seldschuken-Sultan Muhammad – der sunnitischen Reaktion zum Sieg verhalf. Der junge Emir musste den Befehl zur Verfolgung der Batiniten geben. Eine blutige Säuberung setzte ein; an die 200 Leute wurden verhaftet. Der Da'i Abû Tâhir, der «persische Goldschmied», wurde hingerichtet, ebenso der Bruder seines

Vorgängers, des «batinitischen Astrologen», sowie ein weiterer Werber; zwei andere konnten entkommen. Manche konnten sich freikaufen, andere flohen zu den Franken, wieder andere zerstreuten sich im Lande (*Ibn al-Qalânisî*).

Die Macht der Batiniten in Syrien schien damit gebrochen. Doch dass man noch immer mit ihnen zu rechnen hatte, zeigte sich bald: Als der Anstifter der Säuberungen, der Milizenchef, über den Euphrat setzen wollte, wurde er von zwei Batiniten angegriffen und zusammen mit seinen beiden Söhnen getötet.

Reaktionen in Kairo unter dem Kalifen al-Âmir (1101–1130)

Im Jahr 1094 hatte in Kairo der Wesir und Oberbefehlshaber der Heere, der armenische General al-Afdal, den fatimidischen Kronprinzen Nizâr eigenmächtig von der Thronfolge ausgeschlossen und beseitigt und den erst 19-jährigen Prinzen al-Musta'lî, seinen Schwager, als Kalifen inthronisiert (s. o. S. 26). Dieser – nach offizieller fatimidischer Zählung – 19. Imam bleibt für uns ein bloßer Name; «er hatte keinen erwähnenswerten Lebenslauf, denn al-Afdal lenkte die Staatsangelegenheiten wie ein Sultan und König, nicht wie ein Wesir» (der ägyptische Annalist *Ibn Muyassar*). Obwohl der höchste Staatslenker sich auch die Titel eines Obersten Kadi und Obersten Da'i, also des obersten Leiters des ismailitischen Propaganda- und Missionsnetzes, angemaßt hatte, war er doch anscheinend an religiösen Fragen wenig interessiert, wenn er überhaupt von den Subtilitäten der ismailitischen Geheimlehre etwas verstand. Der Abfall von Alamût mitsamt allen östlichen Gemeinden scheint ihn wenig beschäftigt zu haben, zumal sich ja auch inzwischen die Kreuzfahrerstaaten zwischen Ägypten und den Euphrat geschoben hatten.

Als der Kalif al-Musta'lî 1101 im Alter von 26 Jahren starb – wie üblich munkelte man, er sei vergiftet worden –, hinterließ er als einzige Spur seines Lebens drei kleine Söhne, von denen der älteste knapp fünf Jahre alt war. Diesen ließ der Machthaber al-Afdal sofort zum Kalifen ausrufen und ihm unter dem Thronnamen *al-Âmir bi-ahkâm Allâh*, «der nach Gottes Ratschlüssen gebietet», huldigen. «Dann bestieg al-Afdal ein Pferd, an dessen Sattel er eine Vorrichtung hatte anbringen lassen, auf die er al-Âmir setzte, damit er größer erscheine und auf al-Afdals Schoß zu sitzen schien» (der ägyptische Historiker *al-Maqrîzî*). Besser konnten dem Volk in den Straßen von Kairo die wahren Machtverhältnisse nicht vorgeführt werden.

Der Kinderkalif wurde mit einer Tochter al-Afdals verheiratet. Dieser 20. Imam al-Âmir (reg. 1101–1130, s.o. S. 27) blieb nun jahrelang hinter den Haremsmauern verborgen; nur an den hohen Feiertagen wurde er dem Volk präsentiert. Der Wesir al-Afdal herrschte unumschränkt, bis er im Dezember 1121 bei einem Ausritt einem Attentat zum Opfer fiel: aus dem Laden eines Mehlhändlers stürzten sich vier Männer auf ihn, rissen ihn vom Pferd und stachen ihn nieder. Das Attentat schien die Handschrift der Batiniten zu tragen, denen denn auch offiziell die Schuld an dem Mord zugeschrieben wurde. Aber schon die Zeitgenossen haben an dieser Version gezweifelt, und es scheint heute klar, dass der Anschlag von einer Hofclique um den jetzt 25-jährigen Kalifen al-Âmir inszeniert war, der seinen allzu mächtigen Tutor habe beseitigen lassen, «weil der ihn kurz hielt und ihn hinderte, seinen Neigungen nachzugehen, und ihm mehrfach deswegen Vorhaltungen gemacht habe» (*Ibn al-Qalânisî*). Die bequeme Methode, für alle möglichen politischen Morde die «Assassinen» verantwortlich zu machen, sollte rasch Nachahmer finden.

Der neue Mann an der Seite des jungen Kalifen war der Wesir al-Ma'mûn al-Batâ'ihî, der sogleich Maßnahmen gegen die – vermeintliche oder tatsächliche – Gefahr aus Alamût ergriff und als Erstes strenge Grenzkontrollen beim palästinischen Grenzübergang von Askalon einführte. «Als al-Ma'mûn die Regierung [als Wesir] übernahm, kam ihm zu Ohren, dass [al-Hasan] ibn Sabbâh und die Batiniten [in Alamût] über die Ermordung al-Afdals gejubelt hätten und nun hofften, auch al-Âmir und ihn selbst umzubringen; sie hätten bereits Boten mit Geld zur Verteilung an ihre Genossen in Ägypten geschickt. Da löste al-Ma'mûn den Gouverneur von Askalon durch einen neuen Mann ab. Diesem befahl er, die dortigen Beamten zu überprüfen und niemanden im Amt zu belassen außer wohlbekannten Landsleuten. Ferner trug er ihm auf, alle eintreffenden Kaufleute und anderen [Fremden] genau zu überprüfen. Er solle ihren Angaben über ihre Namen und Beinamen, ihr Woher und Wohin nicht trauen, sondern die einen über die anderen ausfragen. Treffe jemand ein, der nicht gewohnheitsmäßig ins Land komme, dann solle er ihn an der Grenze festhalten und genau feststellen, was es mit ihm auf sich habe und welche Waren er mitführe. Auch solle er keine Kamelreiter ins Land lassen, die nicht durch wiederholte Besuche bekannt seien, und er solle keine Karawane weiterreisen lassen, ohne zuvor an die Behörden [in Kairo] eine Liste mit Zahl und Namen der Kaufleute, den Namen ihrer Sklaven und Treiber und einem Verzeichnis ihrer Waren vorauszuschicken.» Das berichtet der Sohn des Wesirs, al-Batâ'ihî d. J., in den Erinnerungen an seinen Vater.

Zugleich setzte eine Art Rasterfahndung ein: «Es erging der Befehl an die beiden Gouverneure von Misr [Alt-Kairo] und Kairo, sie sollten Straße für Straße, Viertel für Viertel die Namen der dort Wohnenden registrieren und niemandem gestatten, in eine andere Wohnung umzuziehen, bis ein entsprechender Befehl ergehe. Als ihm nun die Listen mit den Namen und Beinamen der Einwohner von Misr und Kairo sowie [Angaben über] ihre Lebensumstände vorlagen und er daraus ersehen konnte, welche Fremden zu welchem Bewohner welchen Stadtviertels kamen, schickte er Frauen aus, um diese Einwohner aufzusuchen und [eventuelle] batinitische Mitbewohner auszuspähen. So bekam er diejenigen, die in Misr und Kairo lebten, unter Kontrolle, ... nicht aber die, die aus Persien und anderen Ländern anreisten. Eines Tages ließ er einen Trupp Soldaten ausreiten, verteilte sie und befahl, diejenigen zu verhaften, die er bezeichnete. So nahm er viele von ihnen fest, darunter auch den Koranrezitator der Söhne des Kalifen; ferner Boten mit Geld, die Hasan, der Sohn des Sabbâh, zum Unterhalt [seiner Agenten] nach Ägypten geschickt hatte; das Geld konfiszierte er. Diese Maßnahmen al-Ma'mûns waren äußerst zweckdienlich. Er schickte auch Spione in alle Weltgegenden, und von dem Augenblick an, da ein Batinit Alamût verließ, erhielt al-Ma'mûn darüber ununterbrochen Nachrichten über ihn, bis er nach Bilbais [im Nildelta] gelangte. Dort wurde er festgenommen, zu ihm gebracht und hingerichtet» (*Ibn Muyassar*).

Es wird von der Verhaftung von fünf Abgesandten aus Alamût berichtet, die gekreuzigt und deren Gelder sichergestellt wurden. Man verstärkte die Überwachung der Sûqs und die Sicherheitsmaßnahmen bei den festlichen Aufzügen und privaten Spazierritten des Kalifen al-Âmir. Doch auch er sollte erfahren, dass ihm die Maßnahmen seines Wesirs keine absolute Sicherheit gewährleisten konnten.

Neben der physischen Bedrohung galt es, der ideologischen Herausforderung entgegenzutreten, da die Batiniten von Alamût am Imamat des 1095 getöteten Prinzen Nizâr festhielten und damit die Legitimität des Fatimiden-Kalifen al-Âmir bestritten. Der Verdacht der Komplizenschaft mit Alamût reichte bis ins Schloss von Kairo selbst, hatte Nizâr doch Söhne und eine Schwester – Vettern bzw. Tante des Kalifen – hinterlassen, deren Loyalität man nicht sicher sein konnte. Hier stieß das Überwachungs- und Spionagesystem des Wesirs al-Ma'mûn an seine Grenze; er beklagte sich beim Kalifen darüber, dass er Prinzen und eine Prinzessin nicht überwachen könne. Zwar beteuerte Nizârs Schwester ihre Unschuld, doch wollte man sich darauf nicht verlassen.

Im Dezember 1122 wurde im Schloss von Kairo eine Konferenz einberufen. Außer dem Kalifen al-Âmir selbst waren dessen Onkel – die Söhne al-Mustansirs – sowie mehrere Vettern zugegen, ferner der Oberste Kadi, der Oberste Da'i und weitere geistliche Würdenträger und hohe Offiziere. Es wurden alle möglichen «Beweise» dafür vorgetragen, dass seinerzeit nicht Nizâr, sondern der jüngere al-Musta'lî vom sterbenden Vater als nächster Imam designiert worden sei. Höhepunkt der Veranstaltung aber war die Aussage von Nizârs Schwester. In einem Nebenraum des Versammlungssaals, wo sie hinter einem Vorhang verborgen wurde, gab sie, von ihren Halbbrüdern und Vettern bewacht, zu Protokoll, Nizâr sei nie designiert worden und habe auch nicht die Würde eines Imams angestrebt.

Über das Ergebnis der Beratung und die Aussage der Prinzessin ließ der Wesir al-Ma'mûn eine Urkunde anfertigen, die von den Kanzeln verlesen wurde. Außerdem wurde eine entsprechende Botschaft nach Alamût vorbereitet. Der Wesir ließ ein langes Schreiben an Hasan-e Sabbâh verfassen, «in dem er diesen zur Wahrheit aufrief und ihn aufforderte, von der Behauptung, Nizâr sei der Imam, abzulassen. Dazu brachte er die erwähnten Argumente vor. Den Brief ließ er durch sechs Beduinen überbringen.» (*Ibn Muyassar*)

Der Text des Sendschreibens wird noch heute von den indischen Ismailiten (Bohras) unter dem Titel «die Âmir'sche Rechtleitung» (*al-Hidâya al-Âmiriyya*) – im modernen Druck 25 Seiten – pietätvoll überliefert. Der Text geht mit den Anhängern Nizârs, die sich «dem Satan verschworen haben», hart ins Gericht: Sie hätten sich ihren Imam selbstherrlich und willkürlich gewählt, statt der verbindlichen Designation (*nass*) durch den Vater und Vorgänger «in der Minute seines Hinscheidens» zu folgen.

Von einer Antwort Hasan-e Sabbâhs ist nichts überliefert; er starb bald darauf am 23. Mai 1124. Doch in Alamût hatte man ein langes Gedächtnis.

Am 7. Oktober 1130 ritt der Kalif al-Âmir aus, um das festliche Treiben zu beobachten, das sich anlässlich des Höhepunkts der Nilschwelle auf dem Flussarm zwischen dem Ufer und der Insel Roda abspielte. «Bei den Ausritten war es üblich, dass das Ziel des Kalifen denen, die bei der Kavalkade Dienst zu tun hatten, mitgeteilt wurde, damit niemand fehle; so erfuhren die Batiniten, wohin er wollte. Sie kamen zur Insel und betraten einen Bäckerladen gegenüber der Stelle, wo die Brücke ans Ufer stieß, und gaben dem Bäcker Geld, damit er ihnen ein Brot mit Butter und Honig zubereite. Sie waren noch beim Essen, als der Kalif al-Âmir das Kopfende der Brücke passierte und auf die Brücke einbog. Wegen der Enge der Brücke waren die Reitknechte und Leibwächter zurückgeblieben. Als er sich nun anschickte, von diesseits der Brücke zur Insel hinüberzureiten, stürzten sie sich wie ein Mann auf ihn und stachen mit Messern auf ihn ein. Einer von ihnen gelangte sogar hinter ihm auf die Kruppe seines Pferdes und versetzte [dem Kalifen] mehrere Stiche. Man überwältigte die Angreifer und tötete sie; es waren neun an der Zahl. Al-Âmir wurde auf einer Barke nach [dem Uferschlösschen] al-Lu'lu'a gebracht und starb noch am selben Tag» (*Ibn at-Tuwair*).

4. Die Nachfolger Hasan-e Sabbâhs

Bozorg Omîd *(1124–1138)*

Als Hasan-e Sabbâh in der Nacht zum 23. Mai 1124 starb, hinterließ er keine männlichen Nachkommen. Es heißt, er habe seine beiden Söhne selber umgebracht; den einen, weil er dem Wein ergeben war, den anderen, weil er gegen den Vater rebelliert habe. Auf dem Sterbebett designierte Hasan als seinen Nachfolger den alten Kampfgefährten Bozorg Omîd (persisch «Große Hoffnung»), den langjährigen Burgherrn von Lamassar. Nach allem, was wir heute wissen, ist dieser Iraner unbekannter Herkunft vermutlich der Ahnherr der Aga Khane unserer Zeit, obwohl er es selber nicht geschafft hat, in den Stammbaum der Imame aufgenommen zu werden.

Für die Zeit der Herrschaft Bozorg Omîds zählt die Liste von Alamût ein Dutzend erfolgreicher Attentate auf. Darunter ist im Jahr 1135 erstmals auch ein Kalif von Bagdad aufgeführt, al-Mustarschid. Sein Tod wurde in Alamût eine Woche lang gefeiert, auch wenn der Mord – wie schon die Zeitgenossen zu wissen glaubten – eher auf das Konto des Seldschuken-Sultans Mas'ûd, des Sohnes Sultan Muhammads, ging. Auch den Mord an dem Wesir al-Afdal in Kairo im Jahre 1121 hatte man in Alamût gefeiert und triumphierend in der Liste der Opfer vermerkt, obwohl er ja nicht von Batiniten, sondern von einer Hofclique verübt worden war (s. o. S. 48). Gelegentlich schmückte man sich also in Alamût mit fremden Federn.

Über die religiöse Entwicklung der nizaritischen Doktrin in dieser Zeit erfahren wir leider nichts. Man hielt am Imamat Nizârs fest, doch wissen wir nicht, wie man sich das in Alamût vorstellte – ob man noch immer auf die Wiederkunft des seit 1095 «entrückten» und «verborgenen» Nizâr hoffte oder ob man in einem von dessen in Kairo lebenden Söhnen den wahren Imam sah; die spätere Entwicklung der Lehre hat diese Phase überdeckt.

Jedenfalls trieb man weiter eifrig Mission, etwa unter den Parsen (Zarathustriern) in dem noch kaum islamisierten Aserbeidschan. Die Herrschaft in den Küstenstrichen und Gebirgen am Südufer des Kaspischen Meeres (Gorgân, Mâzandarân, Tabaristân) wurde ausgeweitet und der Burgenbau vorangetrieben. Unter Bozorg Omîd entstanden Burgen mit ominösen Namen: Maimûn-Dez (Glückliche Burg), Sa'âdet-Kôh (Berg der Glückseligkeit), Mubârak-Kôh (Gesegneter Berg), Kerîm-Dej (Edle Burg) oder Mansûra (die Siegreiche). Von diesen Burgen aus beherrschten und besteuerten die Batiniten die umliegenden Täler; dazu führten sie alljährlich Beutezüge in alle Himmelsrichtungen aus, vor allem immer wieder gegen die nächstgelegene Provinzhauptstadt Qazvîn. Bei einem Raubzug dorthin im Jahr 1129 erbeuteten sie 200 Rinder, 200 Pferde und Kamele und 3000 Schafe. Sogar Rey bedrohten sie von der nahegelegenen Burg Mansûrâbâd (Ort des Siegreichen) aus.

Der Erwerb der syrischen Burgen

Die politische Situation in Syrien nach dem ersten Kreuzzug war günstig für die Batiniten. Während die Kreuzfahrer die Küstenebene in Besitz genommen hatten, waren die Städte im Landesinneren von Damaskus bis Aleppo in der Hand muslimischer Kleinherrscher. Das Küstengebirge zwischen dem Mittelmeer und der Flussniederung des Orontes dagegen war umkämpftes Niemandsland, und hier konnten sich die Batiniten festsetzen. Hatten sie zunächst unter der städtischen Bevölkerung ihre Anhänger geworben, so gingen sie nun dazu über, nach dem Muster von Alamût befestigte Stützpunkte – kleine Städte und Burgen – zu besetzen, in denen sie unangefochten das Sagen hatten und die allmählich zu Zentren eines kleinen Territorialstaates wurden.

«In diesem Jahr [1126] erlangte Bahrâm, der Missionar der Batiniten, großen Einfluss, und man musste in Aleppo und ganz Syrien mit ihm rechnen. Er lebte in größtem Geheimnis und strengster Heimlichkeit, wechselte Aussehen und Kleidung und zog in den Städten und Festungen herum. Niemand wusste, wer er war. Eines Tages fand er sich in Damaskus ein». Das notiert der Damaszener Chronist Ibn al-Qalânisî. Der Mann mit dem persischen Namen Bahrâm hatte zuvor an der Seite eines Onkels in Bagdad gewirkt und war nach dessen Hinrichtung 1101 und einem geglückten Attentat auf den Emir von Mossul 1126 nach Syrien geflohen. Als er nun in Damaskus erschien, wies er ein Empfehlungsschreiben des Emirs von Aleppo vor – der ihn vielleicht loswerden wollte – und verschaffte sich damit Zutritt zum Atabeg (Tutor des Prinzen) von Damaskus, Tughtegin. Dieser, obwohl Sunnit, glaubte offenbar, sich des herumziehenden Missionars und seiner beträchtlichen Anhängerschar bedienen zu können. Bahrâm «wurde freundlich aufgenommen, aus Vorsicht angesichts seiner und seiner Bande Gefährlichkeit. Er genoss Betreuung und Fürsorge nach all den Wechselfällen, die er durchgemacht hatte, und nachdem er von Ort zu Ort herumgeirrt war, gefolgt von einer Schar Unwissender, einer törichten Menge, dem Abschaum und der Hefe der Bauern, Menschen ohne Verstand und Religion, die bei ihm Schutz suchten» (*Ibn al-Qalânisî*).

Da die sunnitische Bevölkerung von Damaskus über das offene Auftreten der Batiniten empört war, suchte der Atabeg nun seinerseits, den gefährlichen Haufen loszuwerden und ihn gleichzeitig nützlich einzusetzen. Auf Anraten seines Wesirs überließ der Atabeg im Herbst 1126 den Batiniten die Stadt Bâniyâs am Fuß der Golan-Höhen, die Grenzfestung zum Territorium der Kreuzfahrer.

Bahrâm besserte die Befestigungen von Bâniyâs aus, sandte seine Werber in die umliegenden Dörfer und machte mit seiner Bande die Straßen unsicher. Der Herr von Damaskus duldete sein Treiben. 1128 unternahm Bahrâm einen Raubzug in das Wadi Taim am Fuß des Hermon-Gebirges, dessen Bewohner damals wie heute Drusen waren – eine andere von den Ismailiten

Die Assassinen-Burg al-Qadmûs über der syrischen Mittelmeerküste

Ägyptens abgespaltene Gruppe. Dort fand er im Kampf den Tod.

Bahrâms Nachfolger wurde sein Gefährte Ismâ'îl, genannt «der Perser» (*al-'Adschamî*). Auch er genoss zunächst die Protektion des Atabegs von Damaskus. Doch als der starb, kam es zu einem Kurswechsel. Im September 1129 ließ sein Sohn und Nachfolger Böri seinen Wesir ermorden, offenbar wegen dessen batinitenfreundlicher Politik. Für die Bewohner von Damaskus war dies das Zeichen für ein Pogrom, dem die meisten Batiniten zum Opfer fielen. Mehrere ihrer Anführer, darunter ein Eunuch des Hofes, wurden an der Stadtmauer von Damaskus gekreuzigt. Damit war klar, dass die Batiniten sich auch in ihrem Stützpunkt Bâniyâs nicht würden halten können. Ihr Chef Ismâ'îl «der Perser» lieferte die Festung den Kreuzfahrern aus, und er und seine Leute flüchteten sich auf fränkisches Territorium.

In Damaskus musste man nun mit der Rache der Batiniten rechnen. Die Anstifter des Pogroms «waren sehr vorsichtig und auf der Hut vor einem Anschlag durch Leute, die von den Batiniten von Alamût, ihrem Zentrum, ausgesandt würden. Sie pan-

Die Burg von Masyâf, der Sitz des «Alten vom Berge»

zerten sich mit Eisen und umgaben sich mit zahlreichen Leibwächtern und reichlich bereiten Waffen» (*Ibn al-Qalânisî*). Es half nichts; 1131 trafen auch den Atabeg Böri die Dolche der Mörder.

Ein oder zwei Jahre später erwarben die Batiniten durch Kauf die Burg al-Qadmûs, das *Cademois* der Kreuzfahrer. Die Burg liegt in beherrschender Position auf einem isolierten Felskegel in Sichtweite des Mittelmeers, nur 20 Kilometer von der Burg Margat (arab. *al-Marqab*) des Ritterordens der Johanniter entfernt. Sie war um 1129 kurzfristig in die Hand des normannischen Fürsten von Antiochien, Bohemund II., gekommen, befand sich nun aber im Besitz eines lokalen muslimischen Herren, dem auch die nahegelegenen Burgen al-Kahf und Abû Qubais gehörten. Anscheinend glaubte er, al-Qadmûs gegen die Franken nicht halten zu können, und so verkaufte er die Burg an die Batiniten. Auch al-Kahf und das (nicht zu lokalisierende) al-Kharîba kamen bald in deren Besitz und bildeten den Grundstock für die Entstehung eines kleinen batinitischen Territorialstaats.

Das Tor der Burg von Masyâf.
Auf dem Türsturz die Inschrift eines der «Alten vom Berge» (siehe Abb. S. 100)

Die wichtigste Erwerbung war jedoch im Jahr 1140 oder 1141 die der Burg Masyâf – auch Masyât oder Masyâth genannt – am Westrand der Orontes-Ebene. «In diesem Jahr nahmen die Ismailiten die Burg von Masyât in Syrien in ihren Besitz. Dort kommandierte ein Mamlûk der Banû Munqidh, der Herren von Schaizar [s. o. S. 46]. Sie überlisteten und betrogen ihn und konnten so zu ihm hinaufsteigen, ihn töten und die Burg in ihre Gewalt bringen» (*Ibn al-Athîr*).

Die Burg von Masyâf liegt auf einem mäßig hohen, aber schroffen Felsen über dem gleichnamigen Ort, der noch heute von Ismailiten bewohnt wird; von hier bis Hamâh sind es nur 35 Kilometer. Masyâf sollte in der Folgezeit zur Kommandozentrale der syrischen Assassinen werden.

Unsicher ist, wann und wie die Burgen von ar-Rusâfa südwestlich von Masyâf, al-Maniqa (fränkisch *Malaicas* oder *Malavans*) im Norden und das nicht lokalisierbare al-Qulai'a («die kleine Burg»), in die Hände der Batiniten kamen. Al-Khawâbî («die Krüge», fränkisch *Le Coible*), ihren südlichsten Stützpunkt, nur zwölf Kilometer von der fränkischen Küstenstadt

Tortosa entfernt, erwarben sie vor 1154, und al-'Ullaiqa nördlich von al-Qadmûs erst nach 1162.

Diese im Verlauf von drei Jahrzehnten erworbenen «Burgen der Mission» (*qilâ' ad-da'wa*) kontrollierten schließlich ein kleines Territorium, von dem aus die Batiniten «Krieg gegen ihre Nachbarn, Muslime wie Franken, führten; sie alle verabscheuten ihre Nachbarschaft» (*Ibn al-Athîr*). In dem eingangs (o. S. 7 f.) zitierten Text beziffert der Erzbischof Wilhelm von Tyrus (gest. 1186) die Zahl der Burgen der *Assissini auf* zehn und die ihrer Mannschaft auf 60 000 und mehr.

Kiyâ Muhammad I. (1138–1162)

Auf Bozorg Omîd folgte als dritter «Großmeister» von Alamût sein Sohn Muhammad, den die aus Alamût stammenden Quellen wie seinen Vater mit dem persischen Titel *Kiyâ*, «Fürst», auszeichnen. Obwohl er 25 Jahre über Alamût gebot, hat man dort für diese Zeit nur gut ein Dutzend gelungene Attentate verzeichnet. Allerdings begann seine Herrschaft mit einem spektakulären Erfolg.

«So wie die Aktivität seines Vaters mit der Ermordung des Kalifen Mustarschid geendet hatte, so begann die Muhammads, des Sohnes Bozorg Omîds, mit der Ermordung des [Kalifen] ar-Râschid billâh, des Sohnes des Mustarschid. Und das kam so: Als Râschid zum Kalifen bestimmt war, wollten einige ihn stürzen, andere ihm huldigen. Als die Huldigung für ihn vollzogen war, zog er, um seinen Vater zu rächen, von Bagdad gegen die Ketzer aus, und [der Seldschuke] Dâwûd, der Sohn Sultan Mahmûds, stieß mit Truppen zu ihm. Unterwegs erkrankte er jedoch, und deswegen zog man nach Isfahan. Am letzten Tag des Ramadân des Jahres 532 [11. Juni 1138] drangen plötzlich vier Opferbereite in den Palast ein und machten [den Kalifen] mit Messern nieder. Seine Truppen, Reiter und Kriegssklaven, liefen auseinander. Als die Kunde von seiner Ermordung nach Alamût gelangte, feierte man sieben Tage lang» (*Raschîd ad-Dîn*). Den Seldschuken Dâwûd töteten vier Opferbereite aus Syrien im Jahr 1143.

Unter den weiteren Opfern nennt die Liste neben mehreren hohen Offizieren die Kadis von Quhestân, Tiflis und Hamadân; letzterer «hatte zahlreiche Genossen hingerichtet und verbrannt». Es wird von mehreren Expeditionen und Anschlägen gegen die iranischen Kleinfürsten am Südufer des Kaspischen Meeres berichtet. Wiederholt stießen die Scharen aus Alamût in die Umgebung der Provinzhauptstadt Qazvîn vor und raubten Frauen, Kinder und Vieh; Truppen von dort erschienen gelegentlich unter der Burg von Lamassar, doch richteten ihre Katapulte nichts aus.

Verhandlungen mit Sultan Sandschar (1118–1157)

In den Bruderkämpfen der Seldschuken hatte sich 1118 Sandschar, der Herr über Ostiran, durchgesetzt; er ist der letzte «Groß-Seldschuke», der noch einmal die Oberherrschaft über seine Neffen und Großneffen und damit über das ganze Reich ausübte. Wie die anderen Sultane war er zunächst einer der erbittertsten Feinde der Batiniten, die mehrere seiner Offiziere und Gouverneure töteten und 1111 sogar seinen Wesir Fakhr al-Mulk, den Sohn Nizâm al-Mulks, ermordeten (s. o. S. 39). Schließlich scheint er aber die Aussichtslosigkeit der Feldzüge gegen die anscheinend uneinnehmbaren Burgen eingesehen und versucht zu haben, mit ihnen zu einer Art friedlicher Koexistenz zu gelangen.

Die Initiative scheint von Alamût ausgegangen zu sein. Schon 1147 kam von dort ein Bote an den Hof des Sultans, und als Sandschar selbst im Dezember 1149 in Rey weilte, sandte er seinerseits einen Mann auf die Burg, der dort erkunden sollte: «Was ist euer Glaube?» Ähnlich wie bei der Belagerung der Burg Schâh-Dez bei Isfahan im Jahre 1107 (s. o. S. 38) versicherten die Batiniten ihre islamische Rechtgläubigkeit: «Es gibt nur einen Gott, und er ist ein einziger... Die richtige Anschauung ist die, die in Übereinstimmung mit dem Wort Gottes und seines Gesandten [Mohammed] – Heil ihm! – steht, und die Beachtung der Vorschriften des Gesetzes geschehe so, wie Gott es befohlen hat... [Wir glauben an] die Auferstehung und das Jenseits, wie sie Gott im Erhabenen Koran erwähnt und der Prophet – Gott segne ihn und schenke Ihm Heil – sie gebracht hat... Niemandem komme es in den Sinn, mit den Bestimmungen Gottes und seines Propheten eigenmächtig und willkürlich zu verfahren oder einen Buchstaben davon zu verändern, bis zum Jüngsten Tag, ganz und gar nicht! ... Dies sind der Glaube und die Religion dieser Gemeinschaft, in ihren Prinzipien und Ableitungen. Wenn [euch] das gut scheint, umso besser. Wenn aber nicht, soll [der Sultan] einen verständigen Mann schicken, damit wir [ihm] das, was wir wissen, darlegen, damit ein umfassender Beschluss zustande kommt» (*Raschîd ad-Dîn*).

Als die Mongolen rund 100 Jahre später 1256 Alamût eroberten und der Wesir Dschuwainî – einer unserer wichtigsten Gewährsleute – die Schriften in der Bibliothek und im Archiv der Burg sichtete, stieß er auf Unterlagen, die den seldschukischen Sultan in den Augen strenger Sunniten kompromittierten: «Aus den Briefen Sandschars, von denen in der Bibliothek zahlreiche erhalten geblieben waren, habe ich ersehen, wie er um das Wohlwollen dieser Leute gebuhlt und ihnen geschmeichelt hat; sie bezeugen die Nachsicht, die Duldsamkeit und den Friedenswillen des Sultans. Kurzum: Zur Zeit des Sultans blieben sie ruhig und friedfertig.»

5. Der Anbruch der Endzeit

Hasan II. (1162–1166)

Der Sohn des «Großmeisters» Kiyâ Muhammad gewann schon zu Lebzeiten seines Vaters großen Einfluss, verkündete recht eigenwillige Lehren, sammelte ergebene Anhänger um sich und erregte damit das Missfallen seines Vaters, mit dem er in schweren Konflikt geriet. Die 1256 in Alamût aufgefundenen Schriften, die in den persischen Geschichtswerken Dschuwainîs und Raschîd ad-Dîns verarbeitet sind, geben darüber ausführlich Auskunft.

Der 1126 oder 1127 geborene Hasan zeichnete sich schon früh durch großen Lerneifer und eine außergewöhnliche Belesenheit aus. «Im Übermaß der Weisheit hielt er schon zu Lebzeiten seines Vaters Kiyâ Muhammad ständig Reden, gab Dinge von sich, die auf den ersten Blick dem gemeinen Volk gefallen, und betrieb die Mission zu deren Wohlgefallen. Er entzückte die Leute durch Freundlichkeit, Güte und Leutseligkeit ... Als die Genossen seine Lehren hörten – von denen die Gedanken des Vaters frei waren –, hielten sie ihn für einen – verglichen mit dem Vater – hochgebildeten Gelehrten und kundigen Wissenden und verfielen der Meinung, er sei der Imam, den Unser Herr [*Sayyidnâ*, d.h. Hasan-e Sabbâh] verheißen habe» (*Raschîd ad-Dîn*).

Damit muss eine Vernachlässigung oder bewusste Missachtung der Gesetze des Islam einhergegangen sein, während der Vater «in der Werbung für den [erwarteten] Imam und in der äußerlichen Befolgung der Vorschriften des Islam rigoros war». Der Vater sah sich zum Einschreiten veranlasst und stellte klar: «Dieser Hasan ist mein Sohn! Ich selbst bin kein Imam; ich bin nur einer der Missionare des Imam, und jeder, der auf etwas anderes hört oder daran glaubt, ist ein Ungläubiger ohne Religion!» Mit Strafen ging er gegen verstockte Anhänger seines Sohnes vor; einige wurden aus der Burg gejagt.

Der Sohn gab zum Schein nach. Er verfasste einen Traktat, in dem er sich von seinen früheren Ansichten distanzierte und sich seinem Vater scheinbar beugte. Doch heimlich wirkten seine Lehren weiter; «seine Gefolgsleute und Anhänger hielten das Praktizieren verbotener Dinge und das Weintrinken für Vorzeichen des Erscheinens des verheißenen Imams». Als der 37-Jährige 1162 seinem verstorbenen Vater nachfolgte, ließ er die Maske fallen. «Als er nun unabhängig und sein eigener Herr geworden war, bestrafte er die Leute für solche Unsitten nicht, sondern ließ zu Anfang der Zeit, da er auf dem Platze seines Vaters saß, jederzeit zu, dass man die gesetzlichen Vorschriften und die islamischen Glaubensgrundsätze, die viele Jahre lang, seit der Zeit Unseres Herrn (*Sayyidnâ)*, strikt eingehalten worden waren, abschaffte und annullierte». Nach zweijähriger Vorbereitung zelebrierte er dann in einem spektakulären Akt den Anbruch einer neuen Zeit.

Alamût, 1164: die Qiyâma

«Im Ramadân des Jahres 559 [Juli/August 1164] ließ er auf dem Platz am Fuß von Alamût eine Kanzel (*minbar*) aufstellen, und zwar so, dass sie in Richtung Mekka schaute, also im Gegensatz zu dem, was unter den Muslimen üblich ist. Als nun der 17. Ramadân [8. August] kam, ließ er die Leute seines Herrschaftsbereichs, die sich an diesem Tag in Alamût aufhielten, herbeiholen und befahl ihnen, sich dort zu versammeln. Vier große Fahnen in vier verschiedenen Farben – weiß, rot, grün und gelb –, die eigens zu diesem Zweck angefertigt worden waren, hatte man an den vier Pfosten der Kanzel aufgepflanzt. Dann bestieg er die Kanzel und erklärte diesen Verwirrten und Abtrünnigen, ... dass von dem Imam, der angeblich verschwunden und verborgen sei, heimlich [ein Bote] zu ihm gekommen sei und ihm eine Predigt und ein Dekret (*sidschill*) zur Begründung ihrer Irrlehre überbracht habe. Von der verkehrten Kanzel herab hielt er ihnen einen Sermon über seine absurde, verirrte Lehre, des Inhalts: ihr Imam habe ihnen und allen Muslimen das Tor seiner Barmherzigkeit und die Pforten seiner Gnade aufgetan, ihnen sein Erbarmen zuteil werden lassen und seine besonders auserwählten Diener gerufen, habe ihnen die Lasten und Bürden der Gesetzesvorschriften abgenommen und sie zur *qiyâma* geführt. Er verlas dann die [ihm übersandte] Predigt in arabischer Sprache ... und behauptete, es seien dies die Worte des verborgenen – in Wirklichkeit nicht existierenden – Imams. Einer von den verirrten Dummköpfen unter seinen schurkischen Anhängern, der des Arabischen mächtig war, stand am Fuß der Kanzel, um den Anwesenden diesen verfluchten Blödsinn und die unsäglichen Worte ins Persische zu übersetzen und zu bekräftigen.»

Der Inhalt des Sendschreibens des Verborgenen Imams war, dass Hasan, der Sohn des Muhammad ibn Bozorg Omîd, sein bevollmächtigter Stellvertreter (*khalîfa*) sei; «ihm müsse unsere

Partei in religiösen wie in weltlichen Dingen gehorsam und folgsam sein; sie müsse seinen Ratschluss befolgen und sein Wort als Unser Wort [d.h. das Wort des Imams] anerkennen». Nach der Predigt stieg Hasan «von der Kanzel herab und betete zwei Abschnitte des Gebets des Festes [des Fastenbrechens]» – wohlgemerkt: mitten im Ramadân. «Ein gedeckter Tisch war aufgestellt. Er ließ die Leute herbeirufen, damit sie das Fasten brächen und mit Spaßmachern und [anderen] verbotenen Dingen Heiterkeit und Fröhlichkeit an den Tag legten, wie bei Festen üblich, denn er sagte: ‹Heute ist das Fest des Fastenbrechens.› Seitdem nennen diese Ketzer den 17. Ramadân das *Qiyâm*-Fest; die meisten legen es an diesem Tag darauf an, Wein zu trinken und fröhlich zu sein» (*Dschuwainî*).

Was hier gespielt wird, ist klar: Auf Befehl des Verborgenen Imams – auf dessen Namen und Identität jeder Hinweis fehlt – erklärt dessen Stellvertreter (*khalîfa*) Hasan II. das islamische Gesetz, die *scharî'a*, für aufgehoben und die Herrschaft des Islam für beendet. Die Symbole sprechen eine unmissverständliche Sprache: Die Kanzel ist – entgegen allem Brauch – nach Westen gerichtet, so dass die versammelten Gläubigen Mekka den Rücken kehren. Das Fasten wird mitten im Ramadân demonstrativ gebrochen, und auch das mehrfach erwähnte Weintrinken gehört in diesen Zusammenhang.

Was Hasan II. hier in Szene setzt, wird als *qiyâm* oder *qiyâma* bezeichnet. Gewöhnlich bedeutet das arabische Wort, von der Wurzel *qâma* (stehen, aufstehen) abgeleitet, die «Auferstehung» der Toten am Jüngsten Tag. Aber das ist hier natürlich nicht gemeint (und der Titel von Christian Jambets Buch *La grande résurrection d'Alamut* führt daher in die Irre). Es ist vielmehr die große Zeitenwende, die das neue Zeitalter einleitet, die Endzeit des Mahdi, der in den ismailitischen Schriften auch synonym als der *Qâ'im* (der Aufstehende) bezeichnet wird. In einem persisch geschriebenen Traktat aus Alamût mit dem Titel «Die sieben Kapitel unseres Herrn Vaters» (*Haft bâb-e Bâbâ Sayyidnâ)*, der kurz nach den Ereignissen entstanden ist und sich bei den Ismailiten Zentralasiens erhalten hat, nennen sich die Anhänger Hasans II. selbst die «Leute des Qâ'im» (*qâ'imiyyân*) und glauben, ihre Errettung für alle Ewigkeit dem «*qâ'im* der *qiyâma*» zu verdanken.

Die Aufkündigung des islamischen Gesetzes ist im Rahmen der Tradition der Ismailiten nicht überraschend. Sie ist in deren Lehre von Anfang an angelegt und stets latent vorhanden. Sie steckt schon in deren Unterscheidung zwischen dem äußeren (*zâhir*) Wortlaut des Korans und der Gesetzesvorschriften und dem eigentlichen inneren (*bâtin*) Sinn der Koranverse, der rituellen Handlungen und der Ver- und Gebote. Das Äußere von Koran und Gesetz ist nur die provisorische Hülle, die den wahren Kern der göttlichen Botschaft verbirgt. Dieser innere Kern wird von den Imamen gehütet und den Eingeweihten in den geheimen Lehrsitzungen enthüllt; den übrigen, verblendeten Muslimen bleibt er verborgen. Doch am Tag der großen Wende wird er aller Welt offenbar werden; dann werden die äußeren Hüllen – die Religionen des Judentums, Christentums und Islams – fallen und die unmittelbare Anbetung Gottes wieder praktiziert werden, ohne die lästigen und beschwerlichen Vorschriften der Religionen, unbeschwert, wie einst im Paradies.

Solange allerdings der Mahdi oder Qâ'im nicht erschienen ist, gelten die Vorschriften von Koran und Scharî'a weiter und sind strikt einzuhalten; darauf hatten sowohl die Fatimiden-Kalifen in Kairo als auch Hasan-e Sabbâh und seine Nachfolger in Alamût stets streng gesehen.

Dessen ungeachtet ist es mehrfach zu Versuchen gekommen, die Last des Gesetzes schon vorzeitig abzuwerfen. Drei solcher Versuche waren den Vorgängen in Alamût vorausgegangen, stets begleitet von heftigen gewaltsamen sozialen Unruhen. Im Jahre 931 bereits – noch im heutigen Tunesien – hatte der erste Fatimiden-Kalif al-Mahdi, mit dessen Namen oder Titel sich ja entsprechende Erwartungen verbinden ließen, gegen «Ketzer» vorgehen müssen, die das Gesetz für aufgehoben erklärten. Zehn Jahre später, 931, war bei einem abgespaltenen Zweig der Ismailiten, den sog. Qarmaten, an der arabischen Golfküste (in der heute zwölfer-schiitischen Ostprovinz Saudi-Arabiens) ein bartloserJüngling als Inkarnation Gottes selbst präsentiert worden, den seine Anhänger nackt umtanzten, da sie glaubten, die gesetzlose Urreligion, die Adam im Paradies praktiziert habe, sei wiedergekehrt; das Experiment endete in einer Katastrophe, als der junge Gott sich als unfähig erwies, eine Tote zum Leben zu erwecken. Und 1014 traten in Kairo innerhalb der ismailitischen geistlichen Hierarchie die ersten Propheten auf, die in dem regierenden Fatimiden-Kalifen al-Hâkim eine irdische Manifestation Gottes sahen, der herabgekommen sei, um das Gesetz aufzuheben – Keimzelle der noch heute existierenden Religionsgemeinschaft der Drusen. Die offizielle Doktrin der Fatimiden-Kalifen hat sich von solchen Umtrieben immer distanziert und ihnen einen Riegel vorzuschieben versucht; mit eschatologischen Schwärmern war kein Staat zu machen.

Der revolutionäre Akt Hasans II. in Alamût war also nur der vierte in einer Reihe von Eruptionen, in denen sich die antinomistische Lava, die unter der Decke der offiziellen ismailitischen Lehre glomm, vorzeitig Bahn zu brechen suchte.

Hasan II. gab sich bei dem Akt in Alamût nicht selber als der Verborgene Imam aus, sondern nur als dessen Stellvertreter (*khalîfa*). Dennoch nahm er als der Verkünder und Vollzieher der *qiyâma* eine Sonderstellung ein. Seine Anhänger fügten, wenn sie seinen Namen nannten, stets den frommen arabischen Segenswunsch *'alâ dhikrihi s-salâm – «Friede seiner Erwähnung!»* – hinzu, der zu seinem festen Beinamen wurde. «Nach der Gewohnheit dieser Ketzer ist dieser Hasan unter dem Beinamen *'Alâ dhikrihi s-salâm* bekannt. Der Grund für die Bezeichnung dieser Person mit diesem Beinamen war, dass es ursprünglich ein Segenswunsch war, den sie zu seinen Lebzeiten benutzten [jedesmal, wenn sie seinen Namen erwähnten]. Später wurde daraus ein bekannter Beiname, mit dem sie ihn ausschließlich [anstatt Hasan] benannten» (Dschuwainî).

Der Anbruch der neuen Zeit wurde auch in den Außenbezirken der Herrschaft von Alamût, im ostiranischen Quhestân und in Syrien, durch Sendboten verkündet. Nach dem Osten entsandte Hasan einen Boten, um den dortigen Gemeinden das Dekret, die Predigt und den Traktat des Verborgenen Imams bekannt zu machen. Am 17. Oktober 1164 ließ sein dortiger Stellvertreter «auf der Burg, die sie ‹Stätte der Gläubigen› (*Mu'minâbâd*) nannten, obwohl sie doch die Quelle des Unglaubens und der Ketzerei war, eine Kanzel aufstellen, die von der richtigen Ausrichtung abwich und in die Richtung des Verderbens wies, so wie sein schändlicher Chef eine in Alamût errichtet hatte. Die bestieg er und verlas die Predigt, das Dekret und den Traktat, die man ihm zugesandt hatte ... Und am selben Tag, da in der Ketzerstätte (*mulhidistân*) Mu'minâbâd diese Schändlichkeiten enthüllt und diese Verbrechen bestätigt wurden, ließ die Menge am Fuß dieser Kanzel und in der Umgebung Harfen und Lauten erklingen und trank öffentlich Wein» (*Dschuwainî*).

Die Verkündigung der *qiyâma* auf den Burgen in Syrien wurde auch von den dortigen sunnitischen Chronisten registriert: «sie tranken Wein und schafften das [fünfmalige tägliche] Gebet und das Fasten [im Ramadân] ab» (*al-Hamawî*).

Doch nicht alle Nizariten/Batiniten waren bereit, der neuen Lehre zu folgen. Manche fügten sich stillschweigend, während andere es vorzogen, in die von den Seldschuken-Sultanen kontrollierten Gebiete zu emigrieren. Einer aber beließ es nicht dabei, Hasans eigener Schwager. «Einer von jenen, denen noch der Duft der Gottesfurcht und Religion in die Nase des Herzens drang, war der Bruder von Hasans Ehefrau, der Hasan ibn Nâmâvar hieß ... Der konnte die Enthüllung dieser Scheußlichkeiten und Verirrungen nicht ertragen – möge Gott sich seiner erbarmen und ihn für seine gute Absicht belohnen! Am Sonntag, dem 6. des Monats Rabî' al-auwal des Jahres 561 [9. Januar 1166] stach er auf der Burg Lamassar den Verführer Hasan mit einem Dolch nieder, so dass er aus dieser Welt in Gottes loderndes Höllenfeuer fuhr», notiert der Historiker Dschuwainî voller Genugtuung. Nur anderthalb Jahre nach der Verkündigung der *qiyâma* fand der Prophet im Alter von 41 Jahren sein Ende.

Muhammad II. (1166–1210) und die neuen Imame

Hasans Sohn und Nachfolger Muhammad II. war erst 19 Jahre alt, als er 1166 seinem Vater folgte. Er nahm blutige Rache an dem Mörder und seiner Sippe. «Dieser Mann mit dem Namen

Muhammad, d.h. *Preisenswert*, in Wahrheit aber verdammenswert, war noch extremer als sein Vater in der Verkündigung der Ketzerei, die sie die Verkündigung der *qiyâma* nennen, deren notwendige Folge die Gesetzlosigkeit ist», urteilt der Sunnit Dschuwainî, der bei der Sichtung der Bibliothek von Alamût offenbar zahlreiche seiner Schriften lesen konnte, diese dann allerdings alle der Vernichtung überantwortete. Auf Muhammad II. geht zweifellos die umstürzende Neuerung zurück, die der Lehre der Nizariten nun eine neue Richtung vorgab. War sein Vater noch als Stellvertreter (*khalîfa*) und Befehlsempfänger des Verborgenen Imams aufgetreten, so enthüllte Muhammad II. nun, dass der Vater in Wirklichkeit selber der Imam gewesen sei. Das wird auch in dem oben erwähnten Traktat der «Sieben Kapitel unseres Herrn Vaters» (*Haft bâb-e Bâbâ Sayyidnâ*) verkündet, der in dieser Zeit verfasst wurde.

Dazu musste Hasan II. allerdings in die anerkannte Linie der Imame eingebaut werden, und zwar als leiblicher Nachkomme des 19. Imams Nizâr. Das war problematisch, denn die Chefs von Alamût waren ja offenkundig die Nachkommen von Hasan-e Sabbâhs Gefolgsmann Bozorg Omîd, einem Iraner. Der Imam aber musste ein Nachkomme des Propheten Mohammed und reinblütiger Araber sein.

Wie kam der Imam aus Kairo auf die Burg von Alamût? Die Geschichte ist in zwei Versionen überliefert. Die eine geht so: Im Jahr 1095, also ein Jahr nach dem Tod des Fatimiden-Kalifen al-Mustansir, sei einer von dessen Vertrauten, ein Richter, aus Kairo zu Hasan-e Sabbâh gekommen; «der habe einen Enkel jenes von ihnen als Imam angesehenen Nizâr im Gewand der Heimlichkeit und im Kleid der Verstellung nach Alamût gebracht. Er habe in dieses Geheimnis niemanden außer Hasan-e Sabbâh eingeweiht, und so sei es nicht öffentlich bekannt geworden. Man habe diesen [Enkel Nizârs] in einem Dorf am Fuß von Alamût untergebracht, gemäß dem ewigen Ratschluss, dass die Stätte des Imamats von Ägypten nach Dailam verpflanzt werden und die Offenbarung [...] der *qiyâma* in Alamût stattfinden solle. Dieser aus Ägypten gekommene [Enkel Nizârs] oder aber sein in der Gegend von Alamût geborener Sohn – der genaue Sachverhalt ist den Leuten unbekannt – habe dann mit der Ehefrau Muhammads, des Sohnes des Bozorg Omîd – Verkehr gehabt, und so sei diese Frau vom [Verborgenen] Imam schwanger geworden. Da nun die unselige Geburt im Hause Muhammads, des Sohnes des Bozorg Omîd, stattfand, glaubten sowohl Muhammad selber als auch seine Anhänger, das Kind sei sein Sohn; in Wahrheit aber sei Hasan [II.] der Imam und der Sohn des Imams. Dies ist die bekannte Version, an die sich die Menge hält und die bei ihnen als die wahre und zutreffende gilt» (*Dschuwainî*).

Neben dieser offenbar volkstümlichen Version gab es noch eine andere, vermutlich die offizielle, da sie das Odium des Ehebruchs vermied: «Die zweite Version, die die Nachkommen und Verwandten Bozorg Omîds, also die Vornehmen unter den Leuten der Gegend von Alamût, glauben, geht so: Dem Muhammad, dem Sohn Bozorg Omîds, wurde auf der Burg Alamût ein Sohn geboren. Am selben Tag sei dem unbekannten Imam – der ja in Wirklichkeit gar nicht existierte! – in einem Dorf am Fuß von Alamût jener Hasan geboren worden. Drei Tage später sei eine Frau auf die Burg von Alamût gekommen und habe den Palast des Muhammad ibn Bozorg Omîd betreten. Einige Leute hätten gesehen, dass die Frau etwas unter ihrem Tschador trug. Sie habe sich dorthin gesetzt, wo das Kind des Muhammad ibn Bozorg Omîd lag. Die göttliche Weisheit habe es gefügt, dass zu dieser Stunde gerade niemand anderer dort gewesen sei. So habe sie Hasan, den Sohn des [Verborgenen] Imams, an die Stelle gelegt, das Kind des Muhammad ibn Bozorg Omîd aber unter ihrem Tschador versteckt und mitgenommen» (*Dschuwainî*).

Nach dieser weniger anstößigen Version war Hasan II. also kein Kind der Unzucht, sondern nur untergeschoben. Auf jeden Fall aber war er der leibliche Nachkomme Nizârs, des Sohnes des ägyptischen Kalifen al-Mustansir, und damit nicht nur ein echter Fatimide, sondern auch der Wahre Imam. Schon damals war man unsicher, wieviele Generationen man zwischen Nizâr und Hasan II. annehmen müsse. Die heutige vom Aga Khan geführte Ismailitengemeinde zählt ihre Imame offiziell wie folgt:

18. (der Fatimiden-Kalif) *al-Mustansir billâh* (der Gott um Beistand anfleht)
19. Nizâr *al-Mustafâ* (der Erwählte)
20. 'Alî *al-Hâdî* (der Rechtleitende)
21. Muhammad *al-Muhtadî* (der Rechtgeleitete)
22. Hasan *al-Qâhir* (der Bezwingende)
23. Hasan (II.) *'Alâ dhikrihi s-salâm*
24. Muhammad (II.) *ibn al-Hasan*

In dieser Genealogie sind der 20., 21. und 22. Imam historisch nicht belegt und wohl fiktiv. Die Reihe setzt sich bis in unsere Gegenwart fort: der heutige Karîm Aga Khan IV. ist der 49. Imam der Nizariten-Ismailiten.

Die neue Lehre fand ihren Niederschlag in mehreren Traktaten, auch aus der Feder des Imams Muhammad II. selbst, die unter dem Titel *Fusûl-e mubârak* (Gesegnete Kapitel) oder *Fusûl-e muqaddas* (Heilige Kapitel) in späteren Schriften genannt und zitiert werden, aber nicht erhalten sind; sie sind der Vernichtung durch die Mongolen anheimgefallen.

6. Der Alte vom Berge

Râschid ad-Dîn Sinân (1162–1193)

Der eifrigste Verkünder der *qiyâma*, der angebrochenen Endzeit und der Aufkündigung des islamischen Gesetzes in Syrien, war der Sendbote aus Alamût, der auf der Burg von Masyâf residierte, in unmittelbarer Nachbarschaft zu den Kreuzfahrern des Fürstentums Antiochia im Norden und der Grafschaft Tripolis im Süden. Die Kreuzfahrer kannten seinen Namen nicht; daher wohl sind er und seine Vorgänger und Nachfolger in den fränkischen Quellen zu einer einzigen halbmythischen Gestalt verschmolzen. Dort heißt er lateinisch einfach *senex*, der Greis, oder *vetulus de montanis*, der Alte aus den Bergen – offenbar eine Wiedergabe des arabischen Wortes *schaikh*, das «älterer

Mann, Greis» bedeutet, aber auch als Anrede für religiöse Autoritäten verwendet wurde. In den altfranzösischen Quellen steht dafür *segnor de montana*, *le seignor* oder *le vieil des Haississis*, der Alte der Haissississ, oder *le vieil de la Montaigne*, der Alte vom Berge. Die Kreuzfahrer wussten auch nicht, dass diesem Mann noch ein Höherer gebot; die Kunde, dass das eigentliche Oberhaupt der «Assassinen» in den Bergen südlich des Kaspischen Meeres saß, gelangte erst später, durch Marco Polo, in den Westen.

Die arabischen Quellen kennen den Namen des Alten vom Berge indes sehr wohl: es ist Sinân ibn Salmân ibn Muhammad, mit dem Beinamen «der Rechtleitende der Religion» (*Râschid ad-Dîn)*, der über 30 Jahre lang – von 1162 bis etwa 1193 – auf der Burg Masyâf gebot.

Râschid ad-Dîn Sinâns Werdegang ist uns – ähnlich dem von Hasan-e Sabbâh, dem ersten Herrn von Alamût – durch ein Selbstzeugnis bekannt; er hat seine Lebensgeschichte einem Kämmerer aus Aleppo geschildert, der ihn besucht hat, und dieser Bericht fand seinen Weg in das Werk des Aleppiner Geschichtsschreibers Ibn al-'Adîm (1192–1262; übersetzt von B. Lewis).

Geboren wurde Sinân im südlichen Irak, in einem kleinen Dorf in der Nähe von Basra, in einem Landstrich, dessen Bewohner als extreme Schiiten verschrien waren. «Ich wuchs in Basra auf, wo mein Vater zu den Notabeln gehörte. Da fiel mir diese [ismailitische] Lehre ins Herz. Doch geriet ich mit meinen [leiblichen] Brüdern in Konflikt und war gezwungen, diese zu verlassen. Ich ging fort, ohne Mundvorrat und ohne Reittier. So zog ich dahin, bis ich nach Alamût kam. Als ich dort eintraf, herrschte dort der Fürst (*al-kiyâ*) Muhammad.»

Das war der Sohn des Bozorg Omîd, der 1138 seinem Vater als dritter «Großmeister» gefolgt war. Sinân berichtet weiter: «Kiyâ Muhammad hatte zwei Söhne, al-Hasan und al-Husain. Er ließ mich mit ihnen in der Schule sitzen und behandelte mich genau so gütig wie sie. Er gewährte mir die nötige Kindesliebe und den gleichen Unterricht und die Kleidung wie ihnen. Ich blieb dort, bis Kiyâ Muhammad starb und sein Sohn Hasan ihm nachfolgte [1162]. Der befahl mir, nach Syrien zu gehen. Ich machte mich auf den Weg, so wie ich von Basra weggegangen war, und vermied möglichst die Städte. [Hasan II.] hatte mir Aufträge erteilt und Briefe mitgegeben. So kam ich nach Mossul [am Tigris] und nahm in der Moschee im Viertel der Zimmerleute Quartier. Dort übernachtete ich; dann zog ich von dort weiter, ohne eine Stadt zu betreten, bis ich nach ar-Raqqa [am Euphrat] kam. Ich hatte ein Sendschreiben an einen der dortigen Genossen bei mir; das händigte ich ihm aus. Er versorgte mich mit Proviant und mietete mir ein Reittier bis Aleppo. Dort traf ich einen anderen Genossen und händigte auch ihm einen Brief aus. Auch er mietete mir ein Reittier und schickte mich nach al-Kahf».

Die Burg al-Kahf im syrischen Küstengebirge war zwischen 1135 und 1139 durch Kauf in den Besitz der Batiniten gelangt (s. o. S. 56). Sinân tat hier zunächst subalternen Dienst unter dem damaligen leitenden Missionar; er tarnte sich als Schullehrer, der in einem Dorf unterhalb der Burg die Knaben unterrichtete. Interessant ist, dass er in seinem Bericht seinen Vorgesetzten – ähnlich wie die Kreuzfahrer – als «den Alten im Gebirge» (*asch-schaikh fi l-dschabal*) bezeichnet. Als der Vorgesetzte starb, kam es unter den syrischen Missionaren wegen der Nachfolge zu Mord und Totschlag, bis ein Sendschreiben aus Alamût eintraf, das Sinân ermächtigte, die Leitung der syrischen Gemeinden zu übernehmen. Dieses mit Koranzitaten gespickte Schreiben, das im Wortlaut überliefert ist, ließ Sinân auf den Burgen verlesen, und er scheint keine Mühe gehabt zu haben, sich damit durchzusetzen.

Als Chef des syrischen Zweiges der Batiniten hat der *Vieil des Haississis* während seiner 30-jährigen Herrschaft (1162–1192/93) eine unermüdliche Aktivität entfaltet, weitere Burgen erworben, ausgebaut oder gegründet; er hat die Burgen ar-Rusâfa und al-Khawâbî renoviert und al-ʿUllaiqa erobert. Es gibt aus der Feder eines seiner Verehrer eine kleine Schrift, die seinen Ruhmestaten gewidmet ist, eine Sammlung von 31 hagiographischen Anekdoten, in denen der Meister seine Güte und seine Strenge, seine Heilkraft und seine hellseherischen Fähigkeiten zeigt (übersetzt von S. Guyard). Da sehen wir den

«Herrn des Gebirges» (*sâhib al-dschabal*) unermüdlich zwischen den «Burgen der Mission» – vor allem Masyâf, al-Kahf und al-Qadmûs – hin und her reiten, sein Ländchen regieren und hier und da ein kleines Wunder wirken. Seine wichtigste Aufgabe aber kam im Jahr 1164, als sein alter Schulkamerad Hasan II. in Alamût den Anbruch der Endzeit verkündete. Râschid ad-Dîn Sinân hat nicht gezögert, den Direktiven aus Alamût Folge zu leisten: Nach dem Zeugnis eines Chronisten aus Hamâh tranken seine Anhänger Wein und schafften das tägliche fünfmalige Gebet und das Ramadân-Fasten ab.

Der Name «Assassinen»

Le vieil des Haississis, «der Alte der Haississis», nennt der anonyme, französisch schreibende Fortsetzer Wilhelms von Tyrus den in den Bergen sitzenden geheimnisvollen Widersacher der Kreuzfahrer. Wilhelm von Tyrus selber hatte geschrieben. «Die Unseren wie auch die Sarrazenen nennen dieses Volk *Assissini*, ohne dass wir wissen, wovon dieser Name abgeleitet ist». Und Arnold von Lübecks Gewährsmann, der Straßburger Domherr Burchard, hat von *Heysessini* gesprochen, ohne auch nur einen Versuch zu machen, den Namen zu erklären.

Das Rätsel blieb bis ins 19. Jahrhundert ungelöst. Doch am 19. Mai 1809 trug der französische Baron Silvestre de Sacy, einer der Begründer der wissenschaftlichen Orientalistik, dem Pariser *Institut de France* ein umfangreiches *Mémoire* vor, in dem er die Lösung des jahrhundertealten Rätsels bot (gedruckt 1818). De Sacy, der Zugang zu den reichhaltigen arabischen Beständen der Pariser *Bibliothèque nationale* hatte, konnte nachweisen, dass die «Assassins» in den zeitgenössischen arabischen Quellen häufig mit einem Namen bezeichnet wurden, der mit dem arabischen *haschîsch*, «Gras, Hanf, Haschisch», zusammenhängt.

De Sacys Entdeckung war bahnbrechend, auch wenn seine darauf basierenden Spekulationen fragwürdig sind. Er erklärt die Entstehung der Bezeichnung nämlich so, dass die Chefs der Sekte den zur Tat Ausersehenen im Drogenrausch einen Vorgeschmack auf die Wonnen des Paradieses gegeben hätten, das sie erwarte, falls sie getötet würden. De Sacys Annahme geht offensichtlich zurück auf Arnold von Lübeck, dessen Gewährsmann, der Straßburger Domherr Burchard, 1175 als Gesandter Friedrich Barbarossas an Saladin in Syrien war. Danach habe der «Alte», der über magische Kräfte verfügte, den für ein Attentat auserwählten jungen Männern mittels eines Rauschtranks das Paradies vorgegaukelt, «indem er ihnen durch seine Magie fantastische Träume, voller Wonnen und Vergnügen» bescherte, so dass sie nach ihrem Erwachen (!) bereitwillig die Tat begangen hätten, in der Hoffnung, in das geschaute Paradies zurückkehren zu dürfen» (s.u. S. 119f.).

Was aber sagen die islamischen Quellen dazu?

Belegt ist nur die Wortform *al-Haschîschiyya*, ein kollektiver Singular, also: «die Haschischiten». Der früheste Beleg für diese Bezeichnung der Nizariten/Batiniten findet sich in dem Sendschreiben, das die Kanzlei des Fatimiden-Kalifen al-Âmir in Kairo um das Jahr 1123 an die Ismailiten Syriens sandte, um erneut das Imamat Nizârs zu bestreiten und die Legitimität von al-Âmirs Imamat zu bestätigen (vgl. o. S. 50f.). In diesem Rundbrief werden die syrischen Nizariten zweimal als *al-Haschîschiyya* bezeichnet, ohne dass eine Erklärung des Namens gegeben würde. Später findet sich der Name bei dem Geographen al-Idrîsî (ca. 1100–1165) und bei den Autoren aus dem Umkreis Sultan Saladins, so bei seinem Sekretär al-Kâtib al-Isfahânî (gest. 1201) oder seinem Biographen Abu Schâma (1203–1267), auf den sich vor allem Baron Silvestre de Sacys Entdeckung stützte.

Was aber bedeutete die Bezeichnung *al-Haschîschiyya*? Zunächst ist festzuhalten, dass dieser Name in den Schriften der Ismailiten/Batiniten selbst niemals auftaucht. Den Persisch schreibenden Autoren Dschuwainî und Raschîd ad-Dîn sowie dem irakischen Araber Ibn al-Athîr (1160–1233) ist er ebenfalls unbekannt. Nur die arabischen Chronisten Syriens und Ägyptens verwenden das Wort. Sodann wird ein Genuss von Rauschmitteln im Zusammenhang mit den Assassinen weder in einer arabischen noch in einer persischen Quelle auch nur mit einem

Wort erwähnt – weder von den ismailitisch-nizaritischen Autoren selbst noch von ihren Gegnern.

Was aber war mit *al-Haschîschiyya* tatsächlich gemeint? Wirklich wissen wir es bis heute noch nicht. Plausibel ist die Erklärung, die der britisch-amerikanische Orientalist Bernard Lewis in seinem 1967 erschienenen Buch *The Assassins* gegeben hat. «Der Ausdruck *haschîschî* war auf Syrien beschränkt und wahrscheinlich eine populäre Beschimpfung. Aller Wahrscheinlichkeit nach war es eher dieser Name, der die Geschichte entstehen ließ, als umgekehrt. Von diversen Erklärungsmodellen, die angeboten wurden, ist das nächstliegende, dass es sich um einen Ausdruck der Verachtung für die phantastischen Glaubensinhalte und das extravagante Benehmen der Sektierer handelte – um einen höhnischen Kommentar zu ihrer Aufführung eher denn um eine Beschreibung ihrer Praktiken.» (Übersetzung K. J. Huch). Farhad Daftary fügt in seinen *Assassin Legends* von 1994 noch eine Nuance hinzu: Er verweist darauf, dass in der islamischen Gesellschaft «Haschisch-Konsumenten durchwegs als soziale *outcasts* und Kriminelle betrachtet wurden; die *haschîschiyya* wurden als gefährlich für den Islam und die Gesellschaft gebrandmarkt und durch die vorherrschende Meinung – zumindest seit dem späten 11. Jahrhundert – als solche verdammt. Der Begriff *haschîschiyya* scheint also im 12. und 13. Jahrhundert in der herabsetzenden Bedeutung von ‹Unterklassen-Pöbel› und ‹religionslose soziale *outcasts*› im übertragenen Sinne für die Nizârî-Ismailiten verwendet worden zu sein, nicht aber weil die Nizârîs oder ihre Fidâ'îs heimlich regelmäßig Haschisch konsumiert hätten … Unnötig zu sagen, dass der gewohnheitsmäßige Genuss einer schwächenden Droge wie Haschisch eher schädlich für den Erfolg der Fidâ'îs gewesen wäre, die oft für lange Zeit geduldig warten mussten, bis sie eine passende Gelegenheit fanden, ihre Mission auszuführen.»

Ein Schimpfwort also für die, die nach Ansicht der Sunniten nicht ganz richtig im Kopf waren, die «Bekifften»; sie waren einfach der verachtenswerte und gefährliche «Pöbel». Eine überzeugendere Erklärung als die von Lewis und Daftary hat sich bisher nicht gefunden.

Die Attentate des Alten vom Berge

Im Jahr 1152 trafen sich die Fürsten der drei noch übriggebliebenen Kreuzfahrerstaaten – die Grafschaft Edessa war 1144 von Zengi, dem Atabeg von Mossul, für den Islam zurückerobert worden – in Tripolis im Libanon zu einer Konferenz. Der junge König von Jerusalem, Balduin III., erschien mit seiner Mutter; aus dem Norden kam die Fürstin Konstanze von Antiochia mit dem Patriarchen der Stadt und seinen Bischöfen; Gastgeber war Graf Raimund II. von Tripolis aus dem Haus der Grafen von Toulouse.

Als das Treffen vorüber war und die Fürstin Konstanze nach Antiochia zurückkehren wollte, gab ihr Graf Raimund mit einigen Rittern ein Stück Weges das Geleit und kehrte dann um. «Als er, nichts Böses ahnend, durch das Stadttor einritt, wurde er am Eingang des Tores ... von den Dolchen der Assissini niedergestreckt und fand ein klägliches Ende ... Als die Ermordung des Grafen bekannt wurde, geriet die ganze Stadt in Aufregung; die Bevölkerung eilte zu den Waffen und machte alle, die ihre Sprache oder ihre Kleidung als Fremde verriet, ohne Unterschied nieder, da sie in ihnen die Mörder vermutete.» Das berichtet der Erzbischof Wilhelm von Tyrus und nimmt den Vorfall zum Anlass, die Nachrichten über die *Assissini* anzufügen, die am Anfang dieses Buches zitiert sind.

Es war der erste Mordanschlag auf einen christlichen Fürsten durch die Assassinen, deren Hauptgegner ja die sunnitischen und fatimidisch-ismailitischen Muslime waren. Insgesamt blieb denn auch die Zahl der Opfer in den Kreuzfahrerstaaten sehr gering. Das könnte damit zusammenhängen, dass der Alte vom Berge sich eher durch die Kreuzfahrer den Rücken gegen seine eigentlichen Feinde, die Muslime, freizuhalten suchte. Zudem war wohl die militärische Macht der Kreuzfahrer, vor allem repräsentiert durch die Ritterorden der Johanniter (Hospitaliter) und der Templer, zu stark und auch zu nah; einige der Assassinenburgen waren ja von der Küste aus zu sehen. Das Dutzend Burgen, über das Sinân gebot, lag eingezwängt zwischen dem christlich beherrschten Küstenstreifen und der Flussebene des

Orontes, über die Nûr ad-Dîn, der Sohn Zengîs, gebot. Der türkische Emir von Aleppo (seit 1146) hatte sich 1154 auch des Emirats von Damaskus bemächtigen können und damit das erreicht, was den Muslimen angesichts der Bedrohung durch die Kreuzfahrer gefehlt hatte: die Einigung der Muslime Syriens unter einem Herrscher, der entschlossen war, gegen die Feinde des Islams den *dschihâd* zu führen.

Zu den Feinden des Islams zählte für Nûr ad-Dîn natürlich auch die *Haschîschiyya*, und so ist es kaum überraschend, dass der Alte vom Berge Rückhalt bei den Franken suchte. Wilhelm von Tyrus berichtet, dass die *Assissini* zu seiner Zeit – er starb 1186 – dem Templerorden einen jährlichen Tribut von 2000 Golddinar zahlten. Wie es dazu gekommen ist, wissen wir nicht, doch dürften die kampfstarken Templer die Assassinen in Bedrängnis gebracht haben, so dass diese es vorzogen, zu Vasallen der Christen zu werden, von denen sie wenigstens keine Zwangsbekehrung – wie von dem Sunniten Nûr ad-Dîn – zu befürchten hatten.

Um den lästigen Tribut loszuwerden, schickte der Alte vom Berge um 1173 einen Boten zu König Amalrich von Jerusalem und schlug ihm ein Bündnis vor. Dabei soll er sogar die Bekehrung der Assassinen zum Christentum angeboten haben – was, wenn es denn stimmt, wohl nur ein taktischer Winkelzug gewesen sein dürfte. König Amalrich war einverstanden; er war offenbar darauf aus, den Alten vom Berge als seinen eigenen Verbündeten zu gewinnen, und bot den Templern an, ihnen die jährlichen 2000 Goldstücke aus seiner eigenen Schatulle zu ersetzen. Doch der Templerorden war damit ganz und gar nicht einverstanden; auf dem Rückweg wurde der Abgesandte des Alten vom Berge von einigen Templern unter Führung des Ritters Walter du Mesnil in einem Hinterhalt erschlagen. Die Ermordung des Unterhändlers brachte den König von Jerusalem auf das Heftigste gegen den Templerorden auf; er ließ die Schuldigen in Ketten legen und entschuldigte sich sogar beim Alten vom Berge. Doch Amalrich starb kurz darauf (1174); so erledigte sich die Frage des Bündnisses von selbst, und die Assassinen blieben unter der Botmäßigkeit der Templer.

Sinân und Sultan Saladin

Es blieb fast zwei Jahrzehnte bei einer Art friedlicher Koexistenz zwischen Franken und Assassinen, sicher auch bedingt durch die Tatsache, dass beiden in der Person Sultan Saladins inzwischen ein noch gefährlicherer Gegner als Nûr ad-Dîn erstanden war.

1171 hatte die Herrschaft der Fatimiden-Kalifen in Kairo ein Ende gefunden. Die letzten drei fatimidischen Imam-Kalifen waren Kinder gewesen, Spielbälle in den Händen mächtiger, miteinander rivalisierender Wesire und Generäle. Diese wirren Verhältnisse hatten sowohl die Franken als auch die Muslime Syriens wiederholt zu Interventionen in Ägypten veranlasst. Nicht weniger als fünfmal ist der König von Jerusalem, Amalrich I. aus dem Hause Lusignan (1163–1174), der Bruder und Nachfolger Balduins III., mit einem Ritterheer in Ägypten eingefallen und konnte beim dritten Mal (1167) sogar eine Art fränkisches Protektorat über Ägypten errichten; die Franken besetzten die Mauern und Türme von Kairo und erhielten Zugang zum Kalifenpalast.

Im Gegenzug suchte der über Syrien herrschende Nûr ad-Dîn durch seine Interventionsheere die Christen aus Ägypten zu vertreiben. Letztlich behielten die Syrer die Oberhand: Im Januar 1169 ließ sich Nûr ad-Dîns kurdischer General Schîrkôh von dem machtlosen Fatimiden-Kalifen, dem kaum 20-jährigen al-ʿÂdid, zum Wesir und damit zum eigentlichen Machthaber Ägyptens erheben. Als Schîrkôh schon zwei Monate später starb, folgte ihm sein Neffe Yûsuf als Wesir und nahm den zu diesem Amt gehörigen Ehrentitel *Salâh ad-Dîn* an, was man etwa mit *Tugend der Religion* übersetzten könnte (*salâh* ist «das, was tauglich, richtig, angebracht ist»).

Salâh ad-Dîn, der *Saladinus* der Franken, amtierte aber nicht lange als Wesir eines ismailitischen Imams. Am 10. September 1171 ließ er den Segenswunsch nach dem Freitagsgebet im Namen des sunnitischen Bagdader Kalifen al-Mustadîʿ halten; das bedeutete den Abfall von den Fatimiden. Der 20-jährige al-ʿÂdid, der letzte fatimidische Imam-Kalif, starb kurz darauf unter ungeklärten Umständen. Alle Angehörigen der Fatimiden-Familie – 130 erwachsene Männer und 75 Jungen sowie eine unbekannte Anzahl von Frauen und Mädchen – wurden interniert; einige Prinzen blieben lange Zeit in Haft. Der Sturz der Dynastie war zugleich das Ende des Ismailitentums in Ägypten. Saladin machte das sunnitische Bekenntnis, das unter den Fatimiden in Ägypten immer geduldet worden war, wieder zur einzig zulässigen Form des Islam; die Schwerpunkte der ismailitischen Mission (*da'wa*) verlagerten sich seitdem – bis heute – nach dem Jemen und nach Indien, wo schon seit Langem ismailitische Gemeinden bestanden.

Nachdem seine Macht in Ägypten gefestigt war, nahm Saladin sogleich den Kampf gegen die Kreuzfahrerstaaten auf; schon 1170, noch als Wesir, hatte er Gaza am Mittelmeer und Aila (al-'Aqaba) am Roten Meer erobert. Aber erst nach dem Tod seines Oberherrn Nûr ad-Dîn, der im Mai 1174 in Damaskus starb und dem er zuletzt die Gefolgschaft aufgekündigt hatte, konnte er daran gehen, seine Macht auch auf das Transjordanland und Syrien auszudehnen. Im November 1174 zog er in Damaskus ein. Noch im selben Jahr gewann er die Städte Hems und Hamâh im Tal des Orontes, und im Mai 1175 wurde er durch ein Diplom des Kalifen von Bagdad offiziell als Sultan von Ägypten und Syrien anerkannt.

Durch seine Inbesitznahme der Orontes-Ebene wurde Saladin unmittelbarer Nachbar des kleinen Assassinenstaates um Masyâf. Er hatte nicht die Absicht, die gefährlichen Ketzer zu dulden, und forderte Sinân auf, sich zu unterwerfen, doch der lehnte in einem hochfahrenden Schreiben ab.

Saladin war zunächst nicht in der Lage, sich mit den Assassinen zu beschäftigen, denn die Emire Nûr ad-Dîns hatten sich mit dessen kleinem Sohn nach Aleppo zurückgezogen und wollten sich Saladins Herrschaft nicht beugen. Als dieser nun vor Aleppo erschien und die Stadt einschloss, verfielen die Belagerten auf den Gedanken, sich der Assassinen zu bedienen. Sie sandten an Sinân, versprachen ihm Geld sowie die Abtretung mehrerer Dörfer und baten ihn, einige seiner Opferwilligen (*fidâ'iyyûn*) auszusenden, um Saladin zu ermorden. Der Alte vom Berge ließ sich offenbar nicht lange bitten, denn die Beseitigung seines sunnitischen Erzfeindes musste auch in seinem Interesse sein.

Im Dezember 1174 gelangten die Attentäter tatsächlich in Saladins Lager, wurden aber von einem der Offiziere, dessen Besitzungen in der Nähe der Assassinenburgen lagen und der öfter mit ihnen zu tun gehabt hatte, erkannt und zur Rede gestellt. Sie stachen ihn nieder, und einem von ihnen gelang es noch, mit dem bloßen Dolch in der Hand bis zu Saladins Zelt vorzudringen, doch konnten die Wachen, wenn auch unter Verlusten, alle Angreifer überwältigen und töten.

Ein zweiter Versuch folgte im Mai 1176, als Saladin die nordsyrische Stadt A'zâz belagerte. Wieder wandten sich die Belagerten an den Alten vom Berge und baten ihn um Hilfe. Sinân schickte vier seiner Opferwilligen, die sich, als Soldaten verkleidet, in das Lager des Sultans einschlichen und sich sogar an den Kämpfen beteiligten. Als der Sultan eines Tages vom Zelt eines seiner Offiziere aus den Fortgang der Belagerung beobachtete, stürzte sich einer der Assassinen auf ihn und führte einen Stoß mit dem Dolch gegen seinen Kopf. Den Sultan rettete der Kettenhelm, den er unter der Mütze trug; er wurde nur leicht an der Wange verletzt. Die umstehenden Emire überwältigten den Angreifer sowie die drei anderen, die nach ihm hervorstürzten; nur einer von Saladins Leuten wurde tödlich verwundet. Saladin musste im Lager umherreiten, um die verunsicherten Truppen zu beruhigen; fortan schlief er nicht mehr in einem Zelt, sondern in einem hölzernen Turm, zu dem nur vorgelassen wurde, wer bekannt war.

Kurz darauf unterwarf sich Aleppo, und Saladin bekam die Hände frei, um an den Assassinen Rache zu nehmen. Im Juli 1176 fiel er in deren Ländchen ein und verwüstete die Dörfer; dann schloss er ihre Hauptburg Masyâf ein und brachte seine Katapulte in Stellung. Doch schon nach kurzer Zeit schloss er plötzlich mit Sinân Frieden und zog ab. Die Einigung kam durch die Vermittlung von Saladins Onkel mütterlicherseits, des Emirs von Hamâh, zustande, der der nächste Nachbar des kleinen Assassinenstaates war, doch über die Motive des plötzlichen Sinneswandels herrscht Uneinigkeit. Die hagiographische Tradition der Assassinen selbst schreibt Saladins überstürzten Abzug der wundertätigen Kraft des Alten vom Berge zu: Dieser habe sich nachts, ungesehen von Saladins Wachen, in dessen Zelt begeben und – als Warnung – einen vergifteten Dolch neben dem schlafenden Sultan niedergelegt, worauf dieser bestürzt die Flucht ergriffen habe – eine jener Assassinen-Legenden, wie sie bei Freund und Feind im Umlauf waren. Sunnitische Chronisten erwähnen die Drohung, die Sinân Saladin habe zukommen lassen: Er werde ihn und alle seine Emire umbringen. Doch Saladin, der in Nordsyrien eine Festung nach der anderen erobert hatte, wird sich von solchen Drohungen kaum haben einschüchtern lassen. Der eigentliche Grund war wohl, wie der nüchterne Aleppiner Chronist Ibn Abî Tayyi' berichtet, die Tatsache, dass die Franken im Süden in die Ebene zwischen Libanon und Antilibanon eingefallen waren und Saladin einen Angriff auf seine Hauptstadt Damaskus befürchtete.

In der Folgezeit nutzte Saladin mehrere Waffenstillstände mit den Franken – 1180 auf zwei Jahre, 1183 und 1185 auf fünf Jahre befristet –, um seine Macht auch auf das nördliche Mesopotamien auszudehnen; seit 1182 residierte der Sultan ständig in Syrien. Gestützt auf die Ressourcen Ägyptens, konnte er schließlich die entscheidende Konfrontation mit den Franken wagen. Ein Bruch des Waffenstillstandes – der Baron Rainald von Châtillon hatte Anfang 1187 im Transjordanland eine ägyptische Karawane überfallen – lieferte ihm den willkommenen Anlass. Am 4. Juli 1187 umzingelte Saladin bei Hattîn westlich des Sees Genezareth das Heer der Franken, geführt von dem König von Jerusalem, Guy de Lusignan, und bereitete ihm eine vernichtende Niederlage; der König geriet mit zahlreichen Baronen und Ordensrittern in Gefangenschaft. Noch im selben Monat fielen die Küstenstädte Beirut, Sidon, Akkon, Jaffa, Askalon und Gaza in die Hand der Muslime; am 2. Oktober konnte Saladin in Jerusalem einziehen. Im nächsten Jahr gingen die Eroberungen weiter.

Der Zusammenbruch des Königreichs Jerusalem löste in Europa einen Schock aus. Die drei mächtigsten Herrscher des

Abendlandes rafften sich nun zu dem Unternehmen auf, das als der dritte Kreuzzug in die Geschichte eingegangen ist. Im Mai 1189 brach das Heer Kaiser Friedrichs I. Barbarossa von Regensburg auf, um den Landweg über Ungarn und Konstantinopel zu nehmen, und am 4. Juli 1190 verließen die Könige Philipp II. August von Frankreich und Richard Löwenherz von England mit ihren Heeren Vézelay in Burgund. Zwar erreichte der Kaiser das Heilige Land nicht – er ertrank im Juni 1190 im Fluss Saleph in Kleinasien –, doch die beiden Könige, die den Seeweg über Sizilien genommen hatten, landeten sicher. Nach fast dreimonatiger Belagerung nahmen sie die Kapitulation von Akkon entgegen, das nun zur Hauptstadt des Königreichs Jerusalem wurde, da Jerusalem selbst unerreichbar blieb. Nach der Abreise des französischen Königs hat Richard Löwenherz von August 1191 bis Oktober 1192 *de facto* den zusammengeschmolzenen Rest der fränkischen Herrschaft in *Outremer* regiert. In diese Zeit fällt der für lange Zeit letzte Anschlag der Assassinen auf einen christlichen Fürsten – ein Attentat allerdings, das Rätsel aufgab und zu allerlei Gerüchten führte.

1192

Die Ermordung Konrads von Montferrat (1192)

Konrad, Markgraf des oberitalienischen Monferrato (Montferrat), ein Vetter Kaiser Friedrich Barbarossas wie auch des französischen Königs, war als Kreuzfahrer in Tyrus gelandet, hatte geholfen, die Stadt gegen Sultan Saladin zu verteidigen und dort eine eigene Herrschaft begründet. 1190 heiratete er König Amalrichs Tochter Isabella (Sibylla) und wurde damit Anwärter auf den Thron von Jerusalem. Der damals im Heiligen Land weilende Richard Löwenherz versuchte das zunächst zu verhindern, gab dann aber nach, und so wurde der etwa 46-jährige Konrad von den Baronen des Königreichs Jerusalem als künftiger König designiert. Doch die Krönung sollte er nicht mehr erleben.

Einige Tage später, am 28. April 1192, musste er auf sein Abendessen warten, weil seine Gemahlin, die Fürstin Sibylla, übermäßig lange im Bad verweilte. Konrad beschloss, bei seinem Freund, dem Bischof von Tyrus, zu speisen, aber der hatte bereits gegessen. Als Konrad von dort wieder nach Hause ging, traten an einer Straßenecke zwei Männer auf ihn zu; während der eine ihm einen Brief zu lesen gab, stieß ihm der andere einen Dolch in den Leib. Konrad wurde sterbend in den Palast getragen. Einer der beiden Mörder wurde auf der Stelle vom Gefolge des Fürsten niedergemacht. Der andere wurde ergriffen und gestand, er und sein Genosse seien Assassinen, die vom Alten vom Berge ausgeschickt worden seien. So berichtet es der fränkische Chronist Ernoul.

Angesichts der bisher guten Beziehungen zwischen dem Alten vom Berge und dem Königreich Jerusalem gab die Tat zu Spekulationen Anlass. Man verdächtigte vor allem Richard Löwenherz, der Anstifter gewesen zu sein; der französische Bischof von Tyrus, Philipp von Beauvais, sprach diesen Verdacht gegen den englischen König offen aus. Konrad von Montferrat und Richard Löwenherz waren zuvor mehrfach über die zu verfolgende Politik aneinander geraten, und Richard hatte den fränkischen Baronen, die Konrad als König wünschten, nur widerstrebend nachgegeben. Die Tatsache, dass der von Richard favorisierte Graf Heinrich von der Champagne, der sogleich die Witwe Sibylla heiratete, den Thron von Jerusalem bestieg, dürfte das Gerücht noch befördert haben, doch gibt es keine stichhaltigen Beweise für eine Urheberschaft des englischen Königs.

Auch auf muslimischer Seite schossen die Gerüchte ins Kraut. Der irakische Chronist Ibn al-Athîr verdächtigte Sultan Saladin, dem er auch sonst nicht besonders gewogen war: «In diesem Jahr ... wurde der fränkische Marquis (*al-markîs*) – Gott verfluche ihn! –, der Herr von Tyrus, getötet. Er war der größte Teufel der Franken. Der Grund seines Todes war, dass Saladin mit Sinân, dem Oberhaupt der Ismailiten, vereinbart hatte, dass dieser den König von England umbringen lassen solle; wenn er außerdem für die Ermordung des Marquis sorge, solle er zehntausend *dînâr* bekommen. Den König von England konnten sie zwar nicht ermorden, denn Sinân hielt dies hinsichtlich der Belange der Ismailiten nicht für richtig, damit nicht Saladin Ruhe vor den Franken bekommen und sich gegen sie selbst wenden könne. Da ihn aber das Geld lockte, machte er sich daran, die Ermordung des Marquis vorzubereiten. Er schickte zwei Männer in Mönchskleidern in die Dienste des Herrn von Sidon und Ibn Bârzâns [Balian II. von Ibelin], des Herrn von ar-Ramla, die sich beide beim Marquis in Tyrus befanden. Sechs Monate blieben sie bei ihren beiden Herren und zeigten sich ihnen sehr ergeben, so dass [auch] der Marquis Vertrauen zu ihnen fasste. Als diese Zeit verstrichen war, gab eines Tages der Bischof von Tyrus ein Bankett zu Ehren des Marquis; er kam, aß an seiner Tafel, trank von seinem Wein und ging wieder. Da warfen sich die beiden erwähnten Batiniten auf ihn und brachten ihm lebensgefährliche Wunden bei; einer von ihnen konnte entkommen und sich in einer Kirche verstecken. Gerade in diese Kirche trug man den Marquis, um seine Wunden zu verbinden, aber der Batinite stürzte sich erneut auf ihn und tötete ihn. Die beiden Batiniten wurden danach ebenfalls umgebracht. Die Franken schrieben seinen Tod einem Anschlag des Königs von England zu, damit er allein das syrische Küstenland beherrschen könne» (Übersetzung nach Gabrieli).

Die Geschichtsschreiber Saladins weisen den auf ihren Herrn gefallenen Verdacht natürlich zurück; so al-Kâtib (der Sekretär) al-Isfahânî (1125–1201), der Leiter von Saladins Kanzlei. Nach seinem in wortreicher Reimprosa prunkenden Bericht war Konrad «Gast beim Bischof von Tyrus und verzehrte sein letztes Mahl, denn sein letzter Tag war gekommen. Vor der Tür stand, wer seine Hoffnungen abschnitt. Er wurde eingeladen in die Hölle, wo (der Engel) Mâlik auf sein Kommen wartete, die Glut nach ihm ausschaute, der tiefste Grund des Feuers brannte, die Lohe loderte, die Flamme voll Erwartung züngelte … Noch aber ergötzte er sich am Mahl und sättigte sich, aß und speiste, ohne zu wissen, dass das Verhängnis nahe war. Er aß und trank, sättigte sich und ließ sich's wohl sein, trat aus dem Haus und saß auf: Da stürzten sich zwei Männer auf ihn, nein, zwei kahle Wölfe, hielten seine Bewegung mit ihren Messern auf und schlugen ihn nieder bei den Läden. Da floh einer der beiden und trat in die Kirche, nachdem er das gemeine Leben genommen hatte. Durchbohrt, aber noch mit einem Hauch Leben, sagte der Marquis: ‹Tragt mich zur Kirche!›, und sie trugen ihn dorthin, denn sie meinten ihn in Sicherheit zu haben, wenn sie ihn dorthin brächten. Als ihn aber der eine der beiden Messerstecher sah, warf er sich erneut auf ihn, um ihn zu töten, und versetzte ihm Hieb um Hieb, Wunde um Wunde. Die Franken ergriffen die beiden Genossen und fanden, dass es zwei Abtrünnige der Fidâ'î-Ismailiten waren. Sie fragten: ‹Wer hat euch geschickt, diesen Mord zu begehen?› Sie antworteten: ‹Der König von England.› Man erzählte von ihnen, sie seien sechs Monate vorher zum Christentum übergetreten, hätten ein reines und asketisches Leben begonnen, seien ständig zur Kirche gegangen und hätten sich strenger Frömmigkeit gewidmet. Der eine war in den Dienst Ibn Bârzâns [Balian von Ibelin] getreten, der andere in den des Herrn von Sidon, um so dem Marquis nahe zu sein und durch ihre dauernde Gegenwart sein Vertrauen zu gewinnen. Dann hatten sie sich an seinen Sattelknauf geklammert und ihn ermordet. Sie erlitten den grausamsten Tod und wurden der ruchlosesten Behandlung ausgesetzt. Ein einzigartiges Beispiel: zwei Ungläubige vergießen das Blut eines Ungläubigen, zwei Verbrecher ermorden einen Verbrecher!» (Übersetzung nach Gabrieli)

In legendenhafter Form hat der Anschlag auf Konrad von Montferrat auch in die hagiographische Biographie Sinâns (s. o. S. 71 f.) Eingang gefunden. Der Markgraf wird hier zu einem anonymen «König der Franken», den der Alte vom Berge aus dem Weg zu räumen beschließt, um seinem Freund (!) Saladin einen Gefallen zu tun. Zwei Opferbereite (*fidâ'iyyûn*) müssen die fränkische Sprache lernen, sich fränkisch kleiden und bewaffnen und sich dann bei dem «König» einschleichen. Sie töten den betrunken Schlafenden und bringen seinen Kopf, seinen Gürtel und sein Schwert zu Saladin, der sie erfreut belohnt und das Heer der Franken vernichtet.

Die erbauliche Geschichte ist offensichtlich ein nachträglicher Versuch, Sinân als treuen Verbündeten Saladins darzustellen. Interessant ist vor allem eine Stelle, in der der Text – aus ismailitischer Sicht – die Motive der beiden Fidâ'îs darlegt: «Wir haben unser Leben Gottes Gehorsam geweiht, von der Welt und allen weltlichen Dingen gelassen und auf sie verzichtet. Wir haben daher keinen Wunsch mehr in der Welt außer einem: als wir unsere Familien verließen, hatten unsere Kinder kein Mehl mehr», und sie erbitten von Saladin zur Versorgung ihrer Hinterbliebenen zwei Sack Mehl (Gabrieli, S. 299–302).

Doch auch Sinâns eigene Interessen werden als Motiv bemüht: Er habe sich dafür rächen wollen, dass Konrad ein für ihn bestimmtes Schiff aufgebracht habe. Letztlich bleibt die Frage, wer den Mord an Konrad von Montferrat angestiftet hat, bis heute unbeantwortet.

Ein halbes Jahr nach dem Anschlag verließ Richard Löwenherz das Heilige Land. Kurz vor seiner Einschiffung am 2. September 1192 konnte er einen erneuten Waffenstillstand für drei Jahre mit Saladin schließen, der den Franken die meisten Küstenstädte außer Askalon zurückgab und den freien Zugang christlicher Pilger nach Jerusalem garantierte. Richard Löwenherz schloss diesen Vertrag auch im Namen der christlichen Fürsten und Barone, während Saladin für die muslimischen Emire Syriens und Mesopotamiens und – eine Neuheit – für den Herrschaftsbereich der Assassinen handelte. Der Alte vom Berge war damit als regionaler Territorialherrscher, offenbar als Vasall Saladins, international anerkannt. Das verpflichtete die Assassinen allerdings zum Stillhalten, und sie scheinen sich auch daran gehalten zu haben.

Der Mord an Konrad von Montferrat war das letzte Attentat, das zu Lebzeiten Râschid ad-Dîn Sinâns verübt wurde. Kurz darauf, um 1193, starb der Alte vom Berge auf der Burg al-Kahf. Graf Heinrich von der Champagne war nach dem Attentat vom Volk von Tyrus zum König von Jerusalem ausgerufen worden, wurde aber nie gekrönt und hat den Titel nie geführt. Er stattete 1194 Sinâns Nachfolger Nasr al-'Adschamî auf einer von dessen Burgen einen Besuch ab und stellte die guten Beziehungen zu den Assassinen, die durch die Ermordung Konrads getrübt waren, wieder her.

7. Die Assassinen und die Kreuzzüge Kaiser Friedrichs II. und König Ludwigs des Heiligen

Die Ermordung Raimunds von Antiochia (1213)

Zwölf Nachfolger Sinâns, des *Alten vom Berge*, sind uns für die Zeit von 1194 bis 1273 namentlich bekannt. Sie alle tragen Ehrennamen, die mit *Dîn* (Religion) zusammengesetzt sind, etwa *Asad ad-Dîn* (Löwe der Religion), *Madschd ad-Dîn* (Ruhm der Religion) oder *Tâdsch ad-Dîn* (Krone der Religion). Einige von ihnen haben Bauinschriften hinterlassen, z.B. an der Stadtmauer und über dem Haupteingang der Burg von Masyâf, am Hammâm von al-Kahf und an der Moschee von al-Qadmûs. Wir kennen sie aber vor allem aus der Chronik des aus Hamâh stammenden Höflings al-Hamawî, die dieser für den ayyubidischen Herrn von Hems (Homs) verfasst hat und die bis zum Jahr 1233 reicht; der Autor hatte also Gelegenheit, die in seiner Nachbarschaft operierenden Assassinen aus nächster Nähe zu beobachten. Von ihm stammt auch die Nachricht, dass Sinân dem Befehl aus Alamût, die *qiyâma* auszurufen und das islamische Gesetz abzuschaffen, gehorsam gefolgt war: «sie tranken Wein und schafften das [täglich fünfmalige] Gebet und das Fasten [im Ramadân] ab».

Seit dem Friedensschluss mit Saladin hatten die Attentate auf muslimische Würdenträger aufgehört; die syrischen Assassinen bewährten sich seitdem als loyale Untertanen der von Saladin gegründeten Dynastie der Ayyubiden, benannt nach Saladins Vater Ayyûb (Hiob). Das aber bedeutete Gegnerschaft zu den fränkischen Kreuzfahrerstaaten. Das Verhältnis zu diesen war jedoch ambivalent, da die Assassinen von dieser Seite – vor allem durch die Ritterorden – unter Druck gerieten. Attentate auf fränkische Fürsten gab es nur noch selten.

1213 wurde in der Kirche der Küstenstadt Tortosa (*Tartûs*) ein Anschlag auf Raimund, den 18-jährigen Sohn des normannischen Fürsten Bohemund IV. von Antiochia, verübt. Man vermutete, dass es sich um einen Auftragsmord gehandelt habe, und verdächtigte die Ritter des Johanniterordens, denen die Assassinen jetzt tributpflichtig waren, als die Hintermänner. Doch wie immer in solchen Fällen lässt sich das Gerücht nicht überprüfen. Jedenfalls ist es fraglich, ob sich die Assassinen tatsächlich von christlichen Auftraggebern als *contract killers* vereinnahmen ließen, wenn man es ihnen auch nachsagte.

Der Vater des Ermordeten, Fürst Bohemund IV., zog, verstärkt durch Ritter des Templerordens, in die Berge und belagerte die Assassinenburg al-Khawâbî, wurde aber durch das Eingreifen von Saladins Sohn, az-Zâhir von Aleppo, und Saladins jüngerem Bruder al-ʿÂdil, dem Herrn der Burgen östlich des Toten Meeres, vertrieben. Diese Intervention von Saladins Nachfolgern, den Ayyubiden, zeigt, dass diese die Assassinen als ihre Untertanen betrachteten, für deren Schutz sie verantwortlich waren.

Der Kreuzzug Friedrichs II. (1228/29)

Anfang September 1228 landete der Stauferkaiser Friedrich II. in Akkon, um ein bei seiner Krönung abgelegtes Gelübde zu erfüllen. Schon zuvor hatte es Verhandlungen mit dem ayyubidischen Sultan al-Malik al-Kâmil, einem Neffen Saladins, über die Rückgabe Jerusalems an die Christen gegeben, und tatsächlich kam es im Februar 1229 zu einem Abkommen, in dem die Stadt Jerusalem dem Kaiser überlassen wurde, allerdings ohne den Tempelberg mit dem Felsendom und der Aqsâ-Moschee, die in den Händen der Muslime verblieben. Am 17. März 1229 konnte der Kaiser seinen Einzug in Jerusalem halten und sich am folgenden Tag in der Grabeskirche die Krone des Königreichs Jerusalem aufsetzen.

Die lateinischen und altfranzösischen Geschichtsschreiber berichten nichts über Kontakte Friedrichs II. mit den Assassinen. In der Chronik al-Hamawîs dagegen heißt es:

«In diesem Jahr kam der Gesandte des Kaisers (*al-imbaratûr*) zu den Ismailiten auf den syrischen Burgen mit der Antwort auf das Schreiben, das diese an ihn gerichtet hatten. Sie brachten ein

Geschenk mit, dessen Wert sich auf fast 80 000 Dinar belief. Da sagte Madschd ad-Dîn, der Gebieter der Burgen: ‹Der Weg nach Alamût und zu Dschalâl ad-Dîn wird vom Khwârezmier und anderen unsicher gemacht; wir fürchten um eure Sicherheit! Bleibt also hier, bis der Weg sicher ist, und deponiert [einstweilen] das, was ihr bei euch habt, bei uns! Es geht doch darum, dass [der Kaiser] unversehrt und vor uns sicher ist, und darin läge unsere Sicherheitsgarantie (*amân*) für ihn!› Und er leistete ihnen einen Eid und gab ihnen sein Hemd als Sicherheitsgarantie; das ist bei ihnen so üblich.»

Das Schreiben an den Kaiser muss also eine Forderung nach Schutzgeld gewesen sein, wie sie die Assassinen mittlerweile auch an andere politische Akteure in Syrien zu stellen pflegten. Der Kaiser, anscheinend am raschen und reibungslosen Ablauf seines Kreuzzuges interessiert, schickte das geforderte Geld, das eigentlich für Alamût und das dortige Oberhaupt der Ismailiten (dessen Name mit *Dschalâl ad-Dîn* allerdings falsch angegeben ist) bestimmt war. Unter dem Vorwand, die Route sei infolge der kriegerischen Unternehmungen des Khwârezm-Schahs unsicher, der damals seine Macht vom Amû Daryâ aus über ganz Iran ausbreitete (s. u. S. 96), behielt der *Alte vom Berge* das Geld für sich, gewährte aber die gewünschte Sicherheitsgarantie. Der Chronist al-Hamawî berichtet dies unter dem Hidschra-Jahr 624 (Dez. 1226–Dez. 1227), also im Jahr *vor* dem Aufbruch Friedrichs II. nach Osten. Wenn das Datum stimmt, dann gehört die Mission zum *Alten vom Berge* also zu den diplomatischen Aktionen, mit denen der Kaiser seinen Kreuzzug schon vor seinem Aufbruch vorbereitete.

Die Praxis der Schutzgeldforderungen geht auch aus einer Notiz hervor, die al-Hamawî kurz vorher unter demselben Jahr notiert hatte: «In diesem Jahr hatte Madschd ad-Dîn, der Gebieter der Burgen der Ismailiten in Syrien, an den Herrscher von Rûm, 'Alâ' ad-Dîn Kaiqubâdh, geschickt, um von ihm das einzufordern, was ihm zu ihren Gunsten auferlegt war – etwa 2000 Dinar, die sie gewöhnlich nach Alamût transportierten. Das taten sie [diesmal] nicht. Da begab sich der Rûmî in dieser Angelegenheit zu Dschalâl ad-Dîn nach Alamût, und der sagte ihm: ‹Bring es zu ihnen nach Syrien, denn wir haben es zu ihrer Versorgung bestimmt!› Und so geschah es.»

Der Rûmî oder Herrscher von Rûm («Rom», d.h. Byzanz) ist der Seldschuken-Sultan von Kleinasien, der Herr von Konya. Auch er also zahlt Alamût einen jährlichen Tribut, der aber von der syrischen Filiale eingezogen und verwaltet wird. Dass einer der Nachfolger Saladins einen solchen Tribut hätte entrichten müssen, wird nirgends erwähnt. Wir dürfen daraus schließen, dass die Ayyubiden den Alten vom Berge als ihren Untertan ansahen und ihm gegen ihre Feinde – die Kreuzfahrer und die Rûm-Seldschuken – freie Hand ließen.

Doch nicht alle ließen sich die Schutzgeldforderungen gefallen. Vor allem die Ritterorden – die Johanniter, die Templer und nun auch der Deutsche Orden – waren kriegerischer gesinnt als der diplomatische Kaiser. Die Johanniter (Hospitaliter) drehten sogar den Spieß um: «In diesem Jahr schickten die Hospitaliter (*al-Usbitâr*) die Forderung nach einem Tribut an die Ismailiten. Doch die entgegneten: ‹Euer Herr, der Kaiser, gibt uns, und ihr wollt von uns nehmen?›, und sie weigerten sich. Da zogen jene gegen sie ins Feld und eroberten einiges von ihrem Land» (*al-Hamawî*).

Der Kreuzzug Ludwigs des Heiligen (1249–1254)

Am 5. Juni 1249 landete König Ludwig IX. von Frankreich von Zypern kommend mit seinem Ritterheer bei Damiette (*Dimyât*) an der Mündung des östlichen Nilarms. Sein Vormarsch durch das Nildelta in Richtung Kairo im Winter 1249/50 kam allerdings ins Stocken; die Kreuzfahrer mussten den Rückweg antreten, und am 6. April geriet der König mit den Resten seines Heeres in ägyptische Gefangenschaft. Einen Monat später wurde er gegen ein Lösegeld von 800 000 Bezant (Byzantiner) freigelassen und konnte nach Akkon segeln. Dort hat der König von Frankreich in den folgenden vier Jahren die Reste der Kreuzfahrerstaaten, die auf den schmalen Küstenstreifen zurückgedrängt waren, *de facto* regiert. In seiner Begleitung befand sich ein etwa 25-jähriger Ritter aus der Champagne, Sire Jean de Joinville, mit dem sich der zehn Jahre ältere König anfreundete. Joinville hat seine Erlebnisse im Heiligen Land später, im hohen Alter, niedergeschrieben; seine *Histoire de Saint Louis* ist eine der wichtigsten Quellen zur Geschichte der späteren Kreuzzüge.

Joinville verdanken wir die Szene, wie drei Boten des Alten vom Berge (*le vieil de la Montaigne*) vor dem König von Frankreich erschienen. Der König empfing die drei nach der Messe. Hinter dem Wortführer saß ein junger Mann, der drei Messer trug, deren jedes im Griff des anderen steckte, und hinter ihm saß der dritte, der ein Leichentuch um seinen Arm gewickelt hatte. Doch der martialische Aufzug und die bedrohlichen Accessoires täuschten. Zwar forderte der Sprecher, der König von Frankreich solle jährlichen Tribut zahlen «wie der Kaiser von Deutschland, der König von Ungarn und der Sultan von Kairo ... Wenn Euch das aber nicht gefällt, dann veranlasst [wenigstens], dass [der Alte vom Berge] des Tributs ledig sei, den er dem Hospital und dem Tempel schuldet; dann wird er sich Euch gegenüber damit zufrieden geben». Denn, so fährt Joinville fort, der Alte vom Berge zahlte damals den Hospitalitern (Johannitern) und den Templern Tribut, weil diese beiden Ritterorden die einzigen Franken waren, die die Assassinen nicht fürchteten, und der Alte seine Männer nicht unnötig bei Anschlägen auf sie opfern wollte, weil er wusste, dass an die Stelle eines getöteten Ordensritters sogleich ein anderer treten würde. Als der König die Abgesandten am Nachmittag erneut empfing, saß er drohend zwischen den Großmeistern der beiden Orden. In deren Gegenwart wollte der Sprecher nicht reden, wurde aber gezwungen, seine Botschaft erneut vorzutragen. Die Großmeister befahlen ihm daraufhin auf Arabisch, sich am nächsten Tag im Hospital der Johanniter einzufinden. Dort wurden die Boten erneut barsch abgefertigt: Die Ordensmeister ließen sie wissen, sie hätten es wegen der unverschämten Forderung an den König verdient, im Meer ertränkt zu werden, und nur um der Ehre König Ludwigs willen hätten sie davon abgesehen; binnen 14 Tagen erwarteten sie nun ihrerseits Briefe und Geschenke des Alten vom Berge, die den König zufriedenstellen würden.

Und so geschah es: «Nach zwei Wochen kamen die Boten

wieder nach Akkon und überbrachten dem König ein Hemd des Alten, und sie richteten von diesem aus, es bedeute, da das Hemd dem Körper näher sei als jedes Kleidungsstück, dass der Alte den König in seiner Liebe sich näher halten wolle als jeden anderen König.» Die Sitte, das Hemd des Alten vom Berge als Unterpfand der Freundschaft zu verschenken, hatte schon Friedrich II. nach dem Bericht al-Hamawîs kennengelernt (s.o. S. 88). Dazu schickte der Alte «seinen Ring aus feinstem Gold, in den sein Name eingraviert war, und ließ ihn wissen, durch seinen Ring heirate er den König, denn er wünsche, dass sie fortan eins seien. Unter den Juwelen, die er dem König schickte, waren ein Elefant aus Kristall – eine sehr schöne Arbeit – und ein Tier, das man Giraffe nennt, ferner verschiedene Äpfel aus Kristall sowie Brett- und Schachspiele. Auf dem Kristall war mit Hilfe kleiner Weinblätter aus feinem Gold Ambra befestigt, und wisset, in dem Augenblick, als die Gesandten die Schatullen öffneten, in denen sich diese Dinge befanden, da schien es, als sei der ganze Raum parfümiert, einen so guten Duft verbreiteten sie.»

König Ludwig schickte nun seinerseits reiche Geschenke an den Alten vom Berge, «eine große Menge Juwelen, Stücke von Scharlach, goldene Becher und silbernes Zaumzeug», und sandte einen Mönch mit, den Bretonen Yves, der Arabisch konnte und sich ausgiebig mit dem Alten vom Berge unterhielt. Dies war Tâdsch ad-Dîn (Krone der Religion) Abu l-Fath, ein Perser aus Alamût, von dem sich noch heute eine Bauinschrift im Innern der Burg Masyâf befindet. Wenn der Bretone auch nicht alles richtig verstand, so war er doch der erste, der den Franken Kunde von der religiösen Lehre der Assassinen brachte: dass sie dem Gesetz ʿAlîs (*la loy de Haali*) folgten – also Schiiten seien – und von den Anhängern des Gesetzes Mohammeds als Ungläubige angesehen würden. Die Gläubigen, so erfuhr er, fürchteten den Tod nicht, weil sie hofften, in einem glücklicheren Körper wiedergeboren zu werden. Auch verschmähten sie es, im Kampf Panzer zu tragen, weil Gott ein jedes Todesgeschick vorherbestimmt habe, und sie verachteten «den Franken, der sich wappnet aus Furcht vor dem Tod». Bruder Yves berichtete seinem König auch, in welchem Aufzug der Alte vom Berge unter den

Seinen erschien: «Bei seinen Umritten hatte der Alte vor sich einen Ausrufer, der eine dänische Streitaxt mit einem langen Stiel trug, der ganz mit Silber beschlagen war und in dem mehrere Messer steckten; der rief: ‹Weichet vor dem, der den Tod der Könige in seinen Händen hält!›»

Aber das war längst schon eine leere Drohung, die niemanden mehr schreckte.

Die Mamluken und das Ende der syrischen Assassinen (1250–1273)

Während König Ludwig IX. Anfang Mai 1250 im Nildelta gefangen saß, war es unter den ägyptischen Siegern zu einem folgenschweren Umsturz gekommen: Am 1. Mai war der letze Sultan aus der Dynastie Saladins, der Ayyubide Turan Schah, von seinen Mamluken ermordet worden.

Als Mamluken bezeichnete man speziell für den Militärdienst erworbene und ausgebildete Sklaven. Mit der Verwendung solcher Unfreier in ihren Truppen hatten die Kalifen von Bagdad schon im 9. Jahrhundert begonnen; seitdem hatte sich diese Praxis über die ganze islamische Welt – von Spanien bis Indien – verbreitet. In den Mittelmeerländern nannte man die Militärsklaven «Slawen» (*saqlabî*, Plural *saqâliba*), da sie meist aus Osteuropa oder vom Balkan importiert wurden; im Osten dagegen hießen sie «Knaben, Burschen» (*ghulâm*, Plural *ghilmân*) oder «erworben, eigen, Eigentum» (*mamlûk*, Plural *mamâlîk*); hier waren sie überwiegend Türken aus Zentralasien oder aus den Steppen nördlich des Kaukasus. Im Knabenalter importiert, wurden sie kaserniert und militärisch ausgebildet. Ihr Sklavenstatus war allerdings nur vorübergehend; ihre Freilassung eröffnete ihnen Offizierskarrieren in einer festen Hierarchie militärischer Ränge. Dabei bildeten die von einem bestimmten Herrscher oder Emir gekauften Männer eine verschworene Kameradschaft von Kommilitonen (*khuschdâschiyya*), die auch über den Tod des ursprünglichen Patrons hinaus zusammenhielt.

In Ägypten hatte der Ayyubiden-Sultan al-Malik as-Sâlih Ayyûb (1240–1249), ein Großneffe Saladins, türkische Mamluken in großem Stil eingekauft und sie auf der Nilinsel Rôda kaserniert. Dieses *Bahrî*-Regiment, die «Fluß»- oder Nil-Mamluken, war es, das 1250 gegen seinen Nachfolger Turan Schah putschte und einen der Seinen, den General Aybak (türkisch: Herr Mond), an seine Spitze stellte. Während der nächsten zweieinhalb Jahrhunderte stellte die Militäraristokratie der Mamluken, die sich durch ständigen Zukauf aus den Steppen Asiens, später auch von den Tscherkessen des Kaukasus, erneuerte, die Sultane von Ägypten aus ihren eigenen Reihen.

1256 eroberten die Mongolen des Khans Hülägü Alamût und zerstörten es (s. u. S. 111); bei ihrem weiteren Vordringen nach Westen drohte den syrischen Burgen der Assassinen das gleiche Schicksal. Diese Gefahr veranlasste die Assassinen, Schutz bei den sunnitischen Mamluken zu suchen. 1257 erschien daher ein Bote des Alten vom Berge in Kairo, um seine Loyalität gegenüber den neuen Herren zu bekunden. Im Januar 1258 eroberten die Mongolen Bagdad und machten dem über ein halbes Jahrtausend alten Kalifat der Abbasiden ein Ende. 1259 erschienen sie in Syrien. Vier der acht Assassinenburgen mussten sich den Mongolen ergeben, die am 2. März 1260 in Damaskus einzogen. Doch am 3. September 1260 wendete sich das Blatt: An der Goliathsquelle (*'Ain Dschâlût*) bei Nazareth trat das Mamlukenheer den Mongolen entgegen und schlug sie vernichtend, und der kommandierende General Baibars übernahm danach die Macht in Kairo.

Baibars (1260–1277) war der bedeutendste der frühen Mamluken-Sultane. Er festigte die Herrschaft der Mamluken, die neben Ägypten auch die Kontrolle über die Heiligen Städte Mekka und Medina umfasste. In Syrien suchte er alle kleinen regionalen und lokalen Machthaber zu Vasallen herabzudrücken, und dieses Schicksal blieb auch den Assassinen nicht erspart. Zunächst erhielt der Alte vom Berge Radî ad-Dîn (der der Religion Genehme) Abû l-Ma'âlî (1258–1262) die vier an die Mongolen ausgelieferten Burgen zurück. Den Status als Vasall suchte auch sein Nachfolger Nadschm ad-Dîn (Stern der Religion) Ismâ'îl, der letzte Alte vom Berge (1262–1271), zu erhalten. Von ihm und seinem Sohn Schams ad-Dîn (Sonne der Religion) stammt eine Bauinschrift am Eingang der Moschee von al-Qadmûs, die zeigt, dass die Assassinen sich nun – zumindest äußerlich – wieder der islamischen Pflicht zum Gebet unterwarfen. Die Assassinen stellten dem Mamluken-Sultan sogar Geiseln als Unterpfand ihrer Loyalität, doch die Pflicht zur Teilnahme am Dschihâd des Sultans und die gleichzeitige Tributpflicht gegenüber den Johannitern stellten sie vor eine Zerreißprobe.

1266 begann der Sultan, die von überall her an die Assassinen gesandten «Geschenke» – d. h. Schutzgelder – zu besteuern. Vor allem der von ihnen an die Johanniter gezahlte Tribut war ihm ein Dorn im Auge, so dass er die Boten des Alten vom Berge ungnädig empfing. Die Assassinen entschuldigten sich damit, dass sie den Tribut nur zahlten, weil sie sonst den Angriffen der Franken schutzlos ausgeliefert seien, worauf der Sultan ihnen vorhielt, bei seinem letzten Zug gegen die Grafschaft Tripolis hätten sie ihm nicht nur keine Hilfe geleistet, sondern sich sogar dazu hergegeben, das Vieh der Franken zu hüten. Drohend forderte der Sultan von ihnen Heeresfolge oder zumindest einen finanziellen Beitrag zur Ausrüstung seiner Armee. Bei seinen Verhandlungen mit den Johannitern von Margat (*al-Marqab*) und dem Krak des Chevaliers über einen Waffenstillstand im Jahre 1266 erreichte es Sultan Baibars, dass der Ritterorden auf den Tribut des Alten vom Berge – jährlich 1200 Dinar und 100 *mudd* (367 Liter) Weizen und Gerste – verzichtete; die 1200 Goldstücke flossen fortan dem Fiskus in Kairo zu, «um den *dschihâd* auf dem Wege Gottes zu führen».

Zu ersten Verstimmungen kam es, als Baibars zu Beginn des Jahres 1270 die Johanniterburg Krak des Chevaliers belagerte und die kleinen Herren Syriens in sein Lager strömten, um ihm ihre Reverenz zu erweisen. Nur der Alte vom Berge Nadschm ad-Dîn erschien nicht, sondern ließ durch einen Boten um Ermäßigung der fälligen Abgaben bitten, als Ausgleich für den Tribut, den er den Johannitern zu zahlen habe, die also offenbar ihre Macht erneut auf die Burgen der Assassinen ausgedehnt hatten. Der erzürnte Sultan erklärte den Alten für abgesetzt und ließ dessen Schwiegersohn, den Herrn der Burg al-'Ullaiqa, von einem Trupp Mamluken nach Masyâf führen, das ihm die Tore öffnete. Doch der 90-jährige Nadschm ad-Dîn verblieb in Amt und Würden, wenn auch gemeinsam mit seinem loyalen Schwiegersohn; sein Sohn allerdings blieb als Geisel im Lager des Sultans. Ein Tribut von 120000 Silber-Dirham wurde vereinbart. Das war bemerkenswert, wie der ägyptische Chronist Ibn 'Abd az-Zâhir vermerkt, «denn die Ismailiten waren es gewohnt, zu nehmen statt zu geben».

Der Anfang vom Ende war dann ein Anschlag, den zwei Assassinen – angeblich im Einverständnis mit Graf Bohemund IV. von Tripolis – Anfang 1271 im Lager vor dem Krak des Chevaliers auf Baibars unternahmen. Der Sultan sandte daraufhin Truppen; die Burg al-'Ullaiqa, der Sitz des Schwiegersohns, ergab sich im Mai 1271, und der Burgherr wurde deportiert; die Burg ar-Rusâfa folgte im Juni. Mit dem Alten vom Berge Nadschm ad-Dîn und seinem Sohn wurde ein Abkommen getroffen: Der Vater sollte ein Lehen in Ägypten als Rente erhalten, der Sohn einen hohen Offiziersrang in der Mamluken-Armee; dafür sollten beide die übrigen Burgen ausliefern. Während der Vater im Heerlager des Sultans blieb, begab sich der Sohn Schams ad-Dîn (Sonne der Religion) zu den Burgen, um die Übergabe vorzunehmen, doch er kam nicht zurück. Vom Sultan brieflich ermahnt, verlangte er, zumindest die Burg al-Qulai'a behalten zu dürfen. Baibars gewährte auch das, doch als Schams ad-Dîn nun auch die Übergabe der Burg al-Kahf zu verhindern suchte, schickte der Sultan abermals Truppen. Schließlich kam Schams ad-Dîn Anfang Oktober 1271 reumütig ins Lager des Sultans, doch auf die Nachricht – oder unter dem Vorwand –, die Assassinen rüsteten erneut Opferwillige für Anschläge auf hohe Offiziere aus, ließ der Sultan ihn verhaften und nach Ägypten deportieren und ging nun selbst gegen die letzten Burgen vor. Al-Khawâbî und al-Qulai'a kapitulierten noch im Oktober. Nach längerem Widerstand und zähen brieflichen Verhandlungen ergab sich im Mai 1273 al-Manîqa, fünf Tage darauf al-Qadmûs und im Juli als letzte al-Kahf. «Mit den *Burgen der Mission* war es damit aus. Man errichtete dort Moscheen, pries die Prophetengefährten [die drei ersten Kalifen Abû Bakr, 'Umar und 'Uthmân, die Heroen der Sunniten], entfernte alles Anstößige und brachte die Embleme des Islam an» (*Ibn 'Abd az-Zâhir*).

8. Die letzten Imame von Alamût

Hasan III. (1210–1221): Rückkehr zur Sunna und Scharî'a

Als der fünfte Herr von Alamût, Muhammad II. (1166–1210), die Legende vom untergeschobenen Säugling in Umlauf setzte und damit seinen Vater und sich selbst in die Reihe der Imame implantierte, spielte er ein riskantes Spiel; solche Manöver hatten auch schon früher – z.B. beim Auftreten der Fatimiden am Ende des 9. Jahrhunderts – zu einer Spaltung der ismailitischen Gemeinde geführt. Jetzt kam die Opposition gegen die neue Lehre von seinem eigenen Sohn Hasan (geb. 1166/67), der sich dem Kurs seines Vaters offen entgegenstellte. Es heißt, der Vater habe seinem Sohn so misstraut, dass er bei öffentlichen Auftritten und Audienzen aus Furcht vor einem Anschlag einen Panzer unter dem Gewand trug. Noch während der Herrschaft des Vaters wandte sich der Sohn heimlich mit Briefen an den Kalifen von Bagdad und an die weltlichen Herrscher Irans und des Irak und versicherte, er sei ein wahrer Muslim und werde, sobald er an die Macht komme, der batinitischen Ketzerei ein Ende machen. Und so geschah es: Als Muhammad II. 1210 starb, sandte Hasan III. sogleich Boten an den Kalifen und die weltlichen Machthaber, um seine Rückkehr zur Sunna und Scharî'a zu bekräftigen.

Den Iran beherrschte mittlerweile der Khwârezm-Schah 'Alâ' ad-Dîn Muhammad (1200–1220), der das nach Sultan Sandschars Tod 1157 zerfallene Reich der Seldschuken beerbt hatte; von ihrer Heimat Khwârezm aus – dem Binnendelta des Amû Daryâ (Oxus) südlich des Aralsees – hatten die Kwârezm-Schahs sich ganz Irans bemächtigt. Der Bagdader Kalif und der Kwârezm-Schah vernahmen die Botschaft aus Alamût mit Freude und Erleichterung: Der Kalif verkündete die Rückkehr der Ketzer zum Islam in einem Dekret, korrespondierte mit dem Herrn von Alamût und überhäufte ihn mit Ehrentiteln wie

Dschalâl ad-Dîn (Glorie der Religion). Hasan III. ließ Moscheen erbauen und forderte sunnitische Religionsgelehrte (*'ulamâ`*) an, die als Lehrer, Prediger und Kadis eingesetzt wurden. In allen Landen wurden daraufhin Fatwas erlassen, die bestätigten, dass die ehemaligen Batiniten nun wieder als Muslime zu gelten hätten und dass Umgang und Heirat mit ihnen erlaubt seien. Hasan III. hieß allgemein «der Neu-Muslim» (*nou-musulmân*), und auch seine Anhänger wurden Neu-Muslime (*nou-muslimân*) genannt.

Doch das Misstrauen war groß. Vor allem in Qazvîn, der Stadt, die Alamût am nächsten lag und die seit über 100 Jahren unter den Überfällen von dort litt, wollte man an die Aufrichtigkeit der Konversion der Ketzer nicht recht glauben; die dortigen religiösen Autoritäten blieben skeptisch. Daraufhin lud Hasan III. mehrere Notabeln aus Qazvîn nach Alamût ein und öffnete ihnen die Bibliothek Hasan-e Sabbâhs und seiner Nachfolger, um dann alle Texte ketzerischen Inhalts in ihrer Gegenwart verbrennen zu lassen. Bei diesem ersten Autodafé ist ein großer Teil des Schrifttums von Alamût vernichtet worden.

Unser Gewährsmann, der Wesir Dschuwainî, berichtet: «Ich habe in den Händen der Notabeln und Kadis von Qazvîn ein Schreiben gesehen, das Dschalâl ad-Dîn Hasan diktiert hatte und in dem er von seiner Annahme des Islams, der Anerkennung der Vorschriften der Scharî'a und von seiner Abkehr von der Ketzerei und dem Glauben seiner Vorväter und Ahnen sprach. Am Kopf des Briefes hatte Dschalâl ad-Dîn eigenhändig einige Worte geschrieben, in denen er seine Abkehr von ihrer Glaubensrichtung erwähnte, wobei er, als er zu den Namen seines Vaters und seiner Vorfahren kam, den Fluch anfügte: ‹Möge Gott ihre Gräber mit Feuer füllen!›»

Im Jahr 1213 begab sich die Mutter Hasans III. auf die Pilgerfahrt nach Mekka und wurde in Bagdad vom Kalifen ehrenvoll aufgenommen. Hasan III. selbst schloss sich eng an den Atabeg von Aserbeidschan an, an dessen Hof er anderthalb Jahre lebte und dem er sogar Truppen zur Verfügung stellte, als dieser 1214/15 dem Kalifen von Bagdad gegen dessen irakische Feinde zu Hilfe kam. Dabei scheint Hasan III. sogar selbst bis in den

Irak gekommen zu sein. Er war der erste Herr von Alamût, der die Burg verließ. Als Belohnung für seine Intervention erhielt er die Herrschaft über die Städte Abhar und Zandschân (nordwestlich bzw. westlich von Qazvîn).

Damit hatte Hasan III. erreicht, dass er, der bisher als terroristischer Ketzer verteufelt worden war, zu einem anerkannten Bündnispartner wurde. Wie prekär seine Reputation jedoch immer noch war, zeigte sich, als er die Emire von Gîlân – dem Küstenstrich am Südwestufer des Kaspischen Meeres – um die Hand ihrer Töchter bat. Die Herren zögerten und verlangten die Zustimmung des Kalifen von Bagdad, die allerdings bald erteilt wurde, und so konnte Hasan III. seine vier vom islamischen Gesetz erlaubten Ehefrauen in Alamût in Empfang nehmen, von denen eine seinen einzigen Sohn zur Welt bringen sollte.

Die Herrschaft Hasans III. von 1210 bis 1221 stand ganz im Zeichen des Aufstiegs der Mongolen zur Weltmacht. Schon im Jahr 1217 hatte der Eroberer Dschingis Khan Gesandte an den Khwârezm-Schah geschickt und ihn zur Unterwerfung aufgefordert. Als die Gesandten am Amû Daryâ (Oxus) vom Gouverneur des Schahs umgebracht wurden, beschloss der Mongolenherrscher, das islamische Reich von Iran zu erobern. 1219 überschritt Dschingis Khan den Syr Daryâ (Jaxartes) und fiel in Transoxanien ein. Im März 1220 kapitulierte Buchara, kurz darauf Samarkand. In beiden Städten richteten die Mongolen ein Blutbad unter der Bevölkerung und schwere Zerstörungen an. Die zeitgenössischen Chronisten legen Dschingis Khan bei dieser Gelegenheit den Ausspruch in den Mund: «Ich bin die Geißel Gottes, den Menschen gesandt zur Strafe für ihre Sünden.» Unserem zeitgenössischen Gewährsmann Ibn al-Athîr schaudert es bei der Schilderung der Massaker, und er wünscht, seine Mutter hätte ihn nicht geboren. Der Khwârezm-Schah 'Alâ' ad-Dîn Muhammad leistete keinen Widerstand; er floh auf eine Insel im Kaspischen Meer, wo er im selben Jahr starb. Im folgenden Jahr gingen die Mongolen über den Amû Daryâ (Oxus) und verheerten Balkh (das antike Baktra), Herât, Merw und Nischapur (1221).

Es ist verständlich, dass der Herr von Alamût nach dem Sturz seines Oberherrn, des Khwârezm-Schahs, als erster islamischer Herrscher Gesandte zu den Mongolen schickte und seine Unterwerfung anbot. Doch die Mongolen drangen einstweilen nicht weiter in Iran vor; Dschingis Khan kehrte in die Mongolei zurück und wandte sich gegen China.

Ende 1221 starb Hasan III. in Alamût, vermutlich an der Ruhr. Man verdächtigte seine Ehefrauen, die Prinzessinnen von Gîlân, ihn vergiftet zu haben, und zwar im Einvernehmen mit seiner Schwester und anderen Verwandten, die anscheinend mit dem pro-sunnitischen Kurs nicht einverstanden waren. Sein Wesir, der Vormund und Regent für seinen unmündigen Sohn, ließ daraufhin alle Verdächtigen umbringen.

'Alâ' ad-Dîn Muhammad III. (1221–1255)

Der vorletzte Herr von Alamût kam im Alter von neun Jahren zur Herrschaft und stand zunächst unter der Vormundschaft seines Wesirs. Die Anhänger der ismailitisch-batinitischen Lehre gewannen nun wieder die Oberhand. Nach vier oder fünf Jahren zeigten sich bei dem jungen Imam – angeblich verursacht durch einen allzu großen Aderlass, den ein unfähiger Arzt an ihm vorgenommen hatte – erste Anzeichen von «Melancholie», die sich bald zu einer Geisteskrankheit auswuchsen; «er hatte Erscheinungen», schreibt der Chronist Dschuwainî, doch niemand wagte, dem Imam zu widersprechen oder gar ihn abzusetzen. Die faktische Autorität ging daher noch zu seinen Lebzeiten auf seinen Sohn Khur-Schah über, der nur 18 Jahre jünger als sein Vater war; «sein Wort war Gesetz wie das seines Vaters».

Die Rückkehr Dschingis Khans nach Ostasien hatte den Herren von Alamût nicht nur eine Atempause verschafft, sondern sogar die Gelegenheit, ihre eigene Macht weiter auszudehnen. Nach dem Tod ihres Oberherrn, des Khwârezm-Schahs 'Alâ' ad-Dîn Muhammad, der vor den Mongolen auf eine Insel im Kaspischen Meer geflüchtet war, suchte dessen Sohn Dschalâl ad-Dîn Mankubirtî (1220–1231) die Reste des iranischen Reiches seines Vaters gegen die Mongolen zu verteidigen. Ihm ge-

Masyâf: Die Inschrift auf dem Türsturz des Burgtors verweist auf den «Alten vom Berge» al-Hasan ibn Mas'ûd und den vorletzten Großmeister von Alamût, Muhammad III. (um 1223).

lang es im Jahre 1221, im heutigen Afghanistan einen mongolischen Heerführer zu besiegen und dann seine Herrschaft nach Westen – über den Irak, Aserbeidschan und sogar den Osten Anatoliens – auszudehnen.

Für die Regierungszeit dieses letzten vormongolischen Herrschers von Iran haben wir eine einzigartige zeitgenössische Quelle: Der persische Chef seiner Kanzlei, Mohammed Nesawî, hat seinem Herrn eine umfangreiche Biographie in arabischer Sprache gewidmet, in der er nicht nur die Aktivitäten der Ismailiten von Alamût mehrfach erwähnt, sondern auch schildert, wie er selbst im Auftrag des Khwârezm-Schahs die Burg von Alamût aufsuchen musste.

Während seine Heere in Ostiran die besiegten Mongolen verfolgten, hielt sich der Schah – der «Sultan», wie ihn Nesawî nennt – in Rey (nahe dem heutigen Teheran) auf. «Dort empfing er einen Gesandten 'Alâ' ad-Dîns (Muhammads III.), des Herrn von Alamût, der neun Ismailiten mitbrachte, die sich erboten, alle diejenigen seiner Feinde zu erdolchen, die er wollte.» Im Rat des Sultans waren die Meinungen darüber geteilt; einigen schien das Angebot verlockend, doch der Sultan folgte schließlich der Warnung eines seiner Höflinge, der zu bedenken gab, der Herr von Alamût wolle wohl nur die Geheimnisse des Hofes ausspähen, und so gab der Sultan den Abgesandten die Antwort: «Ihr wisst so gut wie alle anderen, wer unsere Feinde und wer unsere Verbündeten, wer unsere Konkurrenten und unsere Freunde sind. Wenn ihr also tun wollt, was ihr sagt, so hindert euch nichts daran, und ihr braucht dazu keinerlei Hinweise. Wir jedenfalls werden euch, so Gott will, keine derartige Verpflichtung auferlegen. Unsere scharfen Schwerter und tapferen Krieger setzen uns in die Lage, ohne den Dolch und die Hand der Ismailiten auszukommen».

Das Verhältnis zwischen dem Khwârezm-Schah und Alamût blieb gespannt, zumal man dort den flüchtigen rebellischen Bruder des Herrschers nicht nur aufnahm, sondern auch mit Reittieren und Waffen ausrüstete, was am Hofe für erhebliche Irritationen sorgte.

Im Jahr 1227 ließ der Gouverneur von Ostiran, Orkhân, seine Truppen in das ganz überwiegend von Ismailiten bewohnte Gebiet von Quhistân einfallen und die Gegend von Tûn und Qâ'en verwüsten. Daraufhin erschien ein Sendbote aus Alamût vor dem Sultan, der sich damals in Khûî (Khvoy, nördlich des Urmia-Sees) aufhielt, und beklagte sich über das Vorgehen seines Statthalters. Der Sultan ließ Orkhân kommen und konfrontierte ihn mit dem Abgesandten, doch Orkhân drohte den Ismailiten nur, und der Gesandte zog unverrichteter Dinge ab.

Wenig später, als der Hof des Sultans in Gandscheh (im Norden Aserbeidschans; früher Kirovabad) weilte, «stürzten sich drei Ismailiten in der Nähe dieses Ortes auf Orkhân und töteten ihn. Dann kamen sie in die Stadt, ihre Dolche in der Hand, und riefen laut den Namen 'Alâ' ad-Dîns. Vor dem Palais des [Wesirs] Scharaf al-Mulk angekommen, drangen sie in die Büros des Diwan ein, fanden den Wesir aber nicht vor, da er gerade im Palast des Sultans war. Sie verwundeten einen von seinen Dienern und kamen dann wieder heraus, indem sie voller Stolz auf ihre Tat ihren Ruf ertönen ließen. Die Menge steinigte sie von den flachen Dächern herab und riss sie in Stücke. Bis zu ihrem letzten Atemzug riefen sie: ‹Wir sind die Genossen des Großmeisters 'Alâ' ad-Dîn!›».

Zu dieser Zeit war ein weiterer Gesandter aus Alamût unterwegs, um mit dem Sultan zu verhandeln. Die Ismailiten hatten die Wirren des Mongoleneinfalls genutzt, um die Stadt Dâmghân (südlich der Südostecke des Kaspischen Meeres) in ihre Gewalt zu bringen; der Sultan forderte sie nun zurück. Der Gesandte aus Alamût suchte deshalb den Wesir Scharaf al-Mulk auf – unser Autor Nesawî schildert, wie sich beide voller Argwohn und Furcht einander näherten – und handelte eine elegante Lösung aus: Dâmghân blieb in der Hand der Ismailiten, die sich im Gegenzug verpflichteten, 30000 Dinar in die Kasse des Sultans zu zahlen – anscheinend als jährlichen Tribut; darüber wurde eine Urkunde ausgefertigt.

Im Gefolge des Wesirs trat der Abgesandte aus Alamût daraufhin die Reise zum Heerlager des Sultans an: «Man brach nach Aserbeidschan auf. Badr ad-Dîn Ahmad, der Gesandte aus Alamût, begleitete [den Wesir] Scharaf al-Mulk und nahm an dessen privaten Versammlungen und öffentlichen Audienzen teil. Doch als man in der Steppe von Serât in einem entspannten Augenblick zum Gelage versammelt war und der Dunst des Weines die Gemüter erhitzt hatte, rief Badr ad-Dîn aus: ‹Hier in deiner Armee gibt es Ismailiten, die sich so gut unter euch eingerichtet haben, dass sie sich nicht von deinen Pagen unterscheiden. Einige dienen in den Ställen, während andere beim Chef der Türhüter des Sultans Dienst tun.› Als Scharaf al-Mulk darauf bestand, er solle einige davon kommen lassen, damit er sie sehen könne, und sein Turbantuch als Pfand für die Sicherheitsgarantie gegeben hatte, rief Badr ad-Dîn nach fünf Ismailiten. Die erschienen auch alsbald, und einer von ihnen, ein frecher Inder, wandte sich an Scharaf al-Mulk und sagte: ‹An dem und dem Tag und an dem und dem Ort hätte ich dich töten können, und wenn ich es nicht tat, dann nur, weil ich noch auf den Befehl dazu wartete!› Als Scharaf al-Mulk das hörte, warf er den Umhang, den er um die Schultern trug, ab, und nur im Hemd fragte er: ‹Warum all das? Was will 'Alâ' ad-Dîn von mir? Was habe ich verbrochen oder worin habe ich gefehlt, dass er nach meinem Blut lechzt? Ich bin sein Sklave, wie ich der des Sultans bin! Ich bin in eurer Hand; macht mit mir, was ihr wollt!›» Als der Sultan von dem Vorfall erfuhr, befahl er voller Zorn, die fünf Ismailiten lebendig zu verbrennen und den nachlässigen Chef der Türhüter hinzurichten. Das geschah, obwohl der Wesir versuchte, den Sultan umzustimmen.

Schon bald – der Sultan war nach dem Irak aufgebrochen – erschien wieder ein Bote aus Alamût vor dem Wesir und forderte für jeden der fünf verbrannten Ismailiten 10 000 Dinar. «Diese Worte», schreibt Nesawî, der als Kanzleichef an der Seite des Wesirs war, «brachten Scharaf al-Mulk außer Fassung und erregten in ihm einen solchen Schrecken, dass er weder handeln noch denken konnte. Er überhäufte den Abgesandten mit unerhörten Ehrenbezeigungen und überschüttete ihn mit Geschenken. Dann befahl er mir, im Namen des Diwans ein Dekret abzufassen, das den Tribut, den die Ismailiten dem königlichen Fiskus schuldeten und der sich auf 30 000 Dinar belief, um 10 000 Dinar ermäßigte. Scharaf al-Mulk setzte seine Unterschrift unter das Dekret.»

Seine Unterwürfigkeit hinderte den Wesir jedoch nicht, 1227 eine Karawane ismailitischer Kaufleute, die aus Syrien zurückkam, abzufangen, mehr als 70 Männer umbringen und die Waren in seine eigenen Magazine schaffen zu lassen. Als ein Gesandter aus Alamût beim Sultan dagegen protestierte, entschuldigte sich dieser und ordnete an, dass die Waren zurückgegeben würden; allerdings erhielten die Ismailiten nur 30 000 Dinar und zehn Araberpferde als Entschädigung.

Die Situation verschärfte sich weiter, als im Frühjahr 1229 der Wesir des Herrn von Alamût in den Bergtälern nördlich von Qazvîn erschien, um, wie alljährlich, die dortigen Bauern zu Frondiensten auszuheben, «um das Gras zu mähen und das Heu als Vorrat für den Winter in die Scheunen [der Ismailiten] zu bringen». Erbost über die Unterstützung, die sein rebellischer Bruder in Alamût erhalten hatte, ließ der Sultan den Gouverneur von Sâve mit Soldaten in die Berge ausrücken und den

Wesir von Alamût gefangen nehmen, einkerkern und später hinrichten.

Zu Anfang des Jahres 1230 erschien vor dem Sultan in Ahlat am ostanatolischen Van-See der Abgesandte von Alamût, um den jährlichen Tribut zu überbringen. Statt der geschuldeten 30 000 Dinar brachte er aber nur 20 000, denn 10 000 waren ihnen ja vom Wesir des Sultans erlassen worden. Außerdem waren die Ismailiten zwei Jahre im Rückstand. Zudem war bekannt geworden, dass Alamût Gesandte zu den Mongolen nach Zentralasien geschickt hatte – eine für den Khwârezm-Schah beunruhigende Nachricht. Daher erhielt nun der Kanzleichef Nesawî, unser Gewährsmann, die heikle Aufgabe, sich selbst nach Alamût zu begeben.

«Ich hatte Order, mich allein nach Alamût zu begeben und von 'Alâ' ad-Dîn [Muhammad III.] zu verlangen, er solle die Freitagspredigt (*khutba*) im Namen des Sultans halten [das offizielle Zeichen der Unterwerfung] und den Rest des geschuldeten Tributs bezahlen. Sollte er sich weigern zu zahlen, würde die Armee in sein Gebiet einfallen, es plündern und mit Feuer und Schwert verwüsten. Ich begab mich sehr gegen meinen Willen auf diese Reise.»

Dass ihm nicht wohl dabei war, wird man Nesawî nachfühlen können. In Qazvîn ließ er das Gros seines Gefolges zurück, um sich mit nur einigen Begleitern, versehen mit Geschenken – 1000 Dinar, Pferden und Stoffen – in die Höhle des Löwen zu wagen. Sein Bericht ist der einzige, den wir von einem Besucher von Alamût vor dem Untergang der Burg haben – ein einzigartiges Dokument.

Nesawî sollte darauf bestehen, mit dem Herrn von Alamût persönlich zu verhandeln. Man rechnete aber damit, dass man dies verweigern werde, da 'Alâ' ad-Dîn Muhammad III. noch zu jung war – er war damals 17 oder 18; von seiner «Melancholie» ist in Nesawîs Bericht nicht die Rede. Überraschenderweise aber wurde seiner Forderung stattgegeben: «Alle bedeutenden Persönlichkeiten empfingen mich ... Zuerst suchte mich der Wesir 'Imâd ad-Dîn al-Muhtascham auf; er wollte den Zweck meiner Mission erfahren, um ihn seinem Herrn zu übermitteln und dessen Bescheid einzuholen; das lehnte ich ab. Drei Tage später wurde ich nachts von 'Alâ' ad-Dîn auf einem steilen Felsen empfangen ... Bei der Audienz saß der Wesir zur Rechten 'Alâ' ad-Dîns, während man mich zu seiner Linken gesetzt hatte. Der Wesir antwortete auf jeden Punkt, während 'Alâ' ad-Dîn sich zurückhielt.»

Die Verhandlungen waren zäh, doch scheint Nesawî die Forderungen seines Herrn, des Khwârezm-Schahs, mutig und mit Nachdruck vertreten zu haben, so dass einer seiner Begleiter ihm nachher seine Bewunderung für die harte Verhandlungsführung aussprach und hinzufügte: «Bei Gott, ich hätte niemals geglaubt, dass wir mit heiler Haut aus dieser Audienz herauskommen würden!»

Die Forderung nach Nennung des Khwârezm-Schahs in der Freitagspredigt musste Nesawî schließlich fallen lassen, auch wenn er argumentierte, der vorige Imam (Hasan III.) habe auf diese Weise dem Groß-Seldschuken gehuldigt. Als Nesawî auf der Zahlung des jährlichen Tributs von 30 000 Dinar bestand, wies man ihm die von ihm selbst ausgefertigte Urkunde vor, durch die sein Vorgesetzter, der Wesir Scharaf al-Mulk, den Tribut als Entschädigung für die fünf auf dem Scheiterhaufen verbrannten Ismailiten um 10 000 Dinar ermäßigt hatte. Nesawîs Einwand, nur der Sultan selbst könne eine solche Ermäßigung dekretieren, verfing nicht; er musste sich mit 20 000 begnügen. Das Geld wurde sogleich an Ort und Stelle abgewogen.

Reich beschenkt konnte Nesawî das Adlernest verlassen: «Der Wert der Geschenke in Sachwerten und Geld, die ich erhielt, belief sich auf fast 3000 Dinar. Ich bekam zwei Ehrengewänder, jedes bestehend aus einer Seidenrobe, einer Mütze, einem Pelz und einem Mantel, der eine mit Atlas, der andere mit Seidenkrepp gefüttert, zwei Gürtel im Wert von 200 Dinar, siebzig Ballen Stoff für verschiedene Gewänder, zwei Pferde samt Sattel, Zaumzeug und Rüstung, Rossschweife, 1000 Dinar, vier Pferde mit Schabracken, einen Zug baktrischer [zweihöckeriger] Kamele und dreißig Ehrengewänder für die Leute meines Gefolges.» Auch hatte er den Wunsch geäußert, bei den Ismailiten Schafe für einen von ihm gestifteten Derwisch-Konvent zu kaufen, da in dem von den Mongolen verwüsteten Ostiran keine zu haben seien. Der Imam hatte ihm zwar versprochen, sich an dem frommen Werk beteiligen zu wollen, woran Nesawî nicht recht glauben wollte, doch als er wieder in Qazvîn zurück war, erschien einer der jungen Burschen aus Alamût mit 400 einjährigen Schafen.

Als der Khwârezm-Schah Dschalâl ad-Dîn Mankubirtî 1231 von einem Kurden ermordet wurde – damit endet auch Nesawîs Bericht –, brach sein Reich zusammen. Damit hatten die Mongolen nun in Iran freie Bahn; schon bald erschienen sie wieder an den Nordostgrenzen des Landes.

Der in Alamût regierende Imam Muhammad III. kümmerte sich um die heraufziehende Gefahr nicht. Im Jahr 1255 hatte sich seine «Melancholie» verschlimmert; es kam zu heftigen Auseinandersetzungen mit seinem Sohn Khur-Schah, der sogar zeitweilig plante, sich einiger iranischer Burgen mit ihren Schätzen und Vorräten zu bemächtigen oder gar auf den Burgen in Syrien Zuflucht zu suchen, weil er um sein Leben fürchtete. Angesichts der mongolischen Gefahr rebellierte der Sohn schließlich gegen den Vater; er suchte sein Heil in der Unterwerfung unter die Mongolen und konnte auch seine Anhänger auf diesen Kurs einschwören. Man war sogar zum Aufstand gegen den Imam bereit, verabredete aber, dessen Leben zu schonen. Doch ehe es zum Showdown zwischen Vater und Sohn kam, fand der Konflikt eine andere blutige Lösung.

Eine der Launen des Vaters war es, selbst die Schafherden von Alamût zu weiden. Begleitet von einigen Kumpanen – «Sklaven, Schafhirten, Kameltreibern und anderem Gesindel» – hatte er in einer Schilfhütte bei seinem Pferch die Nacht durchzecht. Am Morgen des 1. Dezember 1255 fand man ihn tot: Ein Axthieb hatte ihm den Kopf vom Rumpf getrennt; zwei seiner trunkenen Leute waren verwundet worden.

Als Mörder war bald des Vaters Favorit und Günstling, ein gewisser Hasan-e Mâzandarânî, ausgemacht, der als junger Mann nach Alamût gekommen war, die Gunst des alten Imams gewonnen und als dessen Vertrauter und Geliebter heimlich ein Vermögen angehäuft hatte, obwohl sein Gönner ihn zwang, ihn in ärmlichen Kleidern und zu Fuß zu den Schafherden zu begleiten. Aus Furcht vor Entlarvung und Entmachtung habe er sich zu dem Mord entschlossen, hieß es. Der neue Imam Khur-Schâh ließ den Favoriten umbringen, doch kam natürlich das Gerücht auf, er selber habe den Mord an seinem Vater gebilligt, ja ihn sogar angeordnet und dann das Werkzeug seiner Untat beseitigt. Die Wahrheit blieb im Dunkeln; Dschuwainî beendet seinen Bericht mit der üblichen Floskel: «Doch Gott kennt am besten das Verborgene und Heimliche».

Ein Wissenschaftler in Alamût: Nasîr ad-Dîn Tûsî

Als die Mongolen 1256 Alamût einnahmen, fand man dort neben der Bibliothek und dem Archiv (mit den Briefen der Seldschuken-Sultane) eine ganze Reihe von astronomischen Instrumenten wie Astrolabien oder Armillarsphären, dreidimensionalen Modellen der Himmelskugel (s.u. S. 111). Das ist nicht überraschend, wenn man weiß, dass der bedeutendste persische Mathematiker, Astronom und Philosoph der Zeit, Nasîr ad-Dîn Muhammad Tûsî, mehrere Jahre auf der Burg gelebt und gearbeitet hat.

Der aus Tûs (beim heutigen Meschhed) stammende Gelehrte (1201–1274) war, wie er in seiner Autobiographie berichtet, schon in seiner Jugend in Kontakt mit ismailitischen Lehren gekommen. Neugierig geworden, wandte er sich zunächst brieflich mit seinen Fragen an den damaligen Gouverneur des ismailitischen Territoriums von Quhestân, Schihâb ad-Dîn Mansûr, der ihm aber nicht schriftlich antworten wollte. Dann aber bot sich Gelegenheit, diesen auf der Burg Gerdkûh (s.o. S. 31) aufzusuchen und persönlich zu befragen. Zwei oder drei Tage blieb Tûsî dort und erhielt erste Unterweisungen.

Wenige Tage später stieß Tûsî zufällig auf eine Handschrift der «Gesegneten und heiligen Kapitel» (*Fusûl-e mubârak va-muqaddas*), der Schriften und Aussprüche des Imams Hasan II. *'Alâ dhikrihi s-salâm*, des Imams der *qiyâma*, die ihn tief beeindruckten und in seinem Entschluss bestärkten, sich der batinitischen Lehre anzuschließen. Das geschah unter der Ägide des neuen Gouverneurs von Quhestân (seit 1227), des gelehrten und an philosophischen Fragen interessierten Nâsir ad-Dîn Muhtaschim («der Bescheidene»), der sein Patron wurde. Etwa zehn Jahre wirkte Tûsî unter dessen Schutz und vollendete 1235 das philosophische Werk, das sein Gönner begonnen hatte, die «Nâsir'sche Ethik». Daneben verfasste er selbst mehrere kleine Schriften zur batinitischen Lehre, die erhalten sind und die ihm bei den Batiniten den ehrenden Beinamen «König der Missionare» (*sultân ad-du'ât*) eingetragen haben. Schließlich siedelte er ganz auf die Burgen Maimûndez und Alamût über, wo er zwei Jahrzehnte – bis zur Eroberung durch die Mongolen – in der unmittelbaren Umgebung des Imams Muhammad III. verbrachte.

In den ismailitischen Schriften Tûsîs ist von der großen Wende des Jahres 1164, der *Qiyâma*, immer wieder die Rede; häufig erwähnt er die (heute verlorenen) Schriften des damaligen Imams Hasan II. *'Alâ dhikrihi s-salâm*. In dem Werk «Das Paradies der Ergebung» (*Raudat at-taslîm*), das im Namen des Imams Muhammad III. 1242 unter Mitwirkung Tûsîs entstand und das erhalten ist, wird auch für die überraschende vorübergehende Rückkehr zur Sunna und Scharî'a, die auf den einfachen Gläubigen verstörend gewirkt haben muss, eine theologische Theorie geliefert. Danach sollen Perioden der «Verhüllung» (*satr*), in denen die batinitischen Wahrheiten aus Vorsicht (*taqiyya*) geheim gehalten werden, immer wieder mit Perioden der «Enthüllung»(*kaschf*) abwechseln, in denen der wahre Glaube verkündet werden darf und offen zutage tritt. Der Urtypus dieses Wechsels von der Enthüllung zur Verhüllung durch das Gesetz war der Verlust des Paradieses, wie der Text erläutert:

«Mit Adam und dem Satan verhält es sich so: Zu Anfang dieses [neuen Zyklus] von 7000 Jahren, als [der vorhergehende Zyklus, d. h. das Paradies] zur Vollendung kam und der Qâ'im dieses Zyklus auf göttlichen Ratschluss und Weisheit die Tür der Verkündigung der zu Ende gehenden *qiyâma* schloss, da eröffnete er einen Zyklus der Verhüllung (*satr*) und der Gesetzesreligion (*scharî'at*). So wurde [von Gott] ein Prophet erwählt, der göttliche Eingebung und Inspiration besaß und der für jedes intelligible Ding ein sinnliches Symbol setzte und so die Grundlagen für das religiöse Gesetz [*scharî'at*] in dieser Welt legte» [§ 176].

Hier ist die *qiyâma* der gesetzlose, paradiesische Urzustand, der dann durch eine von einem Propheten geoffenbarte Gesetzesreligion «verhüllt» wird, hinter deren äußerlichen (*zâhir*), sinnlichen Symbolen – Gebet, Fasten, Pilgerfahrt usw. – sich der eigentlich gemeinte innere (*bâtin*) Sinn verbirgt. «So ist das Zeitalter des Religionsgesetzes (*scharî'at*) eine Zeit, in der Gottesdienst zu bestimmten [Gebets]Zeiten vorgeschrieben ist, indem äußerliche (*zâhir*) physische Akte praktiziert werden müssen ... Das nennt man Zyklus der Verhüllung (*satr*) und ist charakteristisch für den Propheten – Friede sei mit ihm! In der Zeit der *qiyâma* [dagegen] sind besondere Gebetszeiten abgeschafft; man ist [nur] zu Gott [allein] aufgerufen, und die festen Gebetszeiten gehen ganz im [immerwährenden] Gottesdienst auf. Das nennt man den Zyklus der Enthüllung (*kaschf*) und ist charakteristisch für den Imam – Heil seinem Andenken (*li-dhikrihi s-salâm*).» (§ 320 f.)

Diese Theorie stand sicherlich im Einklang mit dem, was in Alamût nach der erneuten Rückkehr zur gesetzlosen *qiyâma* unter dem Imam Muhammad III. gelehrt wurde. Inwieweit Tûsî selbst an der Ausformung dieser Lehre mitgewirkt hat, wissen wir nicht.

Runkn ad-Dîn Khur-Schâh und das Ende von Alamût (1256)

Nach den Trauerfeierlichkeiten für Muhammad III. leitete der Sohn Rukn ad-Dîn (Pfeiler der Religion) Khur-Schâh sogleich eine politische Wende ein. Seine ismailitischen Untertanen wurden angewiesen, «sich wie Muslime zu verhalten» und Überfälle künftig zu unterlassen. Zugleich nahm der neue Imam Kontakt zu den Mongolen auf: In Hamadân, dem antiken Ekbatana, trafen seine Gesandten den Führer der mongolischen Vorhut und versicherten, ihr Herr werde «den Pfad der Unterwerfung gehen und den Staub der Widersetzlichkeit vom Antlitz der Aufrichtigkeit wischen». Der Astronom Tûsî war unter denen, die sich für eine Unterwerfung ausgesprochen hatten. Ende Mai 1256 traf Schâhânschâh, der Bruder des Imams, in Qazvîn auf die Mongolen und wurde von dort ins Lager des Khans Hülägü weitergeleitet, der noch in Ostiran stand. Angesichts der Unterwürfigkeit des neuen Herrn von Alamût zeigte sich der Enkel Dschingis Khans gnädig und geruhte, die Untaten von dessen Vorgänger zu vergessen, doch verlangte er, Rukn ad-Dîn müsse alle seine Burgen schleifen und persönlich vor ihm erscheinen.

Dem ersten Befehl kam der Imam nur unvollständig nach: «Rukn ad-Dîn erklärte seine Unterwerfung und zerstörte einige Burgen, doch in Alamût, Maimûndez und Lamassar entfernte er nur die Tore und ließ einige Zinnen und Türmchen abreißen». (Dschuwainî, der persische Wesir des Mongolenkhans, ist von nun an unser unmittelbarer Zeuge.) Das persönliche Erscheinen vor Hülägü suchte der Imam durch allerlei Ausflüchte hinauszuschieben; unterdessen rückte der Khan unaufhaltsam nach Westen vor. Rukn ad-Dîn gab seinen Vertretern in Quhestân und auf der Burg Gerdkûh Anweisung, sich den Mongolen nicht zu widersetzen, erschien aber selbst nicht. Aufgefordert, wenigstens seinen Sohn vorauszuschicken, bediente er sich einer weiteren List, indem er einen gleichaltrigen jungen Sklaven sandte. Doch der Betrug wurde durchschaut, und am 7. November schlug der Khan sein Lager am Fuß der Burg Maimûndez auf, wohin sich der Imam mit seiner Familie geflüchtet hatte. Zuerst sandte der seinen einzigen Sohn – diesmal den echten – hinunter; dann, am 19. November 1256, erschien er selbst mit seiner Familie und seinem Hof, um sich dem Khan zu unterwerfen. Als Zeichen seiner Treue bot er alle seine Schätze an; «die waren nicht so kostbar, wie die Fama verbreitet hatte», bemerkt Dschuwainî trocken.

Auf Rukn ad-Dîns Anordnung wurden nun mehr als 40 Burgen geschleift. Nur die Kommandanten von Lamassar und Alamût suchten Ausflüchte. So rückte der Khan an den Fuß von Alamût, doch auch die persönliche Intervention des Imams vermochte den Kastellan nicht zur Übergabe zu bewegen. Erst als der Khan in Begleitung des Imams weiter vor Lamassar rückte, «durchschritten die Leute von Alamût die Pforte der Besonnenheit und verließen den Pfad der Rebellion». Die Besatzung von

Alamût kapitulierte gegen freien Abzug, die Mongolen stiegen hinauf, entfernten die Tore und zerstörten die Wurfmaschinen. Dann wurde die Burg geplündert.

Mit den Soldaten kam Dschuwainî, der Wesir des Khans. «In dem Wunsch, die Bibliothek zu besichtigen, deren Ruf sich in der Welt verbreitet hatte, schlug ich, als ich am Fuß von Lamassar war, dem Khan vor, die wertvollen Bücher von Alamût nicht zu vernichten. Er stimmte zu und gab die nötigen Befehle, und so ging ich, um die Bibliothek zu besichtigen. Ich entnahm ihr, was immer ich an Koranen und anderen wertvollen Büchern vorfand, nach dem Motto: *Er bringt das Lebendige aus dem Toten hervor* (Koran 30:19). Desgleichen suchte ich die astronomischen Instrumente heraus: Stative, Armillarsphären, vollständige Astrolabien oder Teile davon und andere Geräte. Die übrigen Bücher, die sich auf ihre Irrtümer und ihre Ketzerei bezogen und die weder auf der Überlieferung beruhten noch vom Verstand gestützt waren, verbrannte ich.»

Dschuwainî hat die Burg ausführlich besichtigt. «Die Ein- und Ausgänge, die Treppen und Rampen waren so durch verputzte Mauern und bleiverkleidete Bollwerke befestigt, dass es war, als ob das Eisen beim Demolieren – wie die Redensart sagt – *mit dem Kopf durch die Wand* wollte, ohne dass etwas dabei herauskam ... In den Höhlungen dieser Felsen hatten sie unter Verwendung von Stein und Mörtel mehrere lange, breite und hohe Gänge und tiefe Reservoirs angelegt... So hatten sie Magazine und Behälter für Wein, Essig, Honig und alle möglichen flüssigen und festen Vorräte gegraben ... Als diese Vorratsräume geplündert und ausgeräumt wurden, trat ein Mann in den Honigtank, ohne zu ahnen, wie tief er war, und ehe er sich versah, versank er im Honig wie Jonas ... Vom Fluss her hatten sie einen Aquädukt bis an den Fuß der Burg geführt, und von dort war eine Leitung halb um die Burg herumgeführt und ozeangroße Tanks im Fels darunter angelegt, so dass das Wasser durch sein eigenes Gefälle darin gespeichert werden konnte. Die meisten dieser Behältnisse für Flüssigkeiten und feste Waren, die sie seit der Zeit Hasan-e Sabbâhs – also in einem Zeitraum von mehr als 170 Jahren – angelegt hatten, zeigten keinerlei Spuren von Verfall, und das betrachteten sie als die Folge von Hasans Heiligkeit ... Der Herrscher beauftragte einen Emir mit einem starken Trupp Soldaten und Fronarbeitern damit, die Burg abzureißen. Doch Hacken waren nutzlos; so legten sie Feuer an die Gebäude und rissen sie dann ein. Damit waren sie längere Zeit beschäftigt.»

Die Burg Lamassar ergab sich zunächst nicht. So ließ der Khan einen Trupp zur Belagerung zurück und begab sich im Januar 1257 in sein Standquartier bei Hamadân. Rukn ad-Dîn musste ihn begleiten. Er wurde ehrenvoll behandelt; Dschuwainî berichtet von seiner Vorliebe für Kamelkämpfe, für die ihm der Khan 100 Stuten und 30 Hengste schenkte, und von seiner Liebe zu einem mongolischen Mädchen, das er heiratete. Seine Kämpfer wurden der mongolischen Armee eingegliedert; nach Syrien gingen Boten, die die dortigen Burgen zur Unterwerfung aufforderten. Der Astronom Tûsî trat in die Dienste der Mongolen, die es ihm dankten, indem sie ihm in Marâgha in Aserbeidschan ein großartiges Observatorium errichteten. In seinen späteren Schriften behauptete er, sein Bekenntnis zum ismailitischen Glauben sei erzwungen gewesen.

Schließlich erbat der Imam Rukn ad-Dîn vom Khan die Erlaubnis, sich zum Großkhan Mönke begeben zu dürfen. Seine Bitte wurde gewährt, und im März 1257 machte er sich im Gefolge einer mongolischen Gesandtschaft mit neun Begleitern auf den Weg in die Mongolei. Am Fuß der Burg Gerdkûh, die sich noch immer hielt, forderte er die Besatzung auf, sich zu ergeben; heimlich aber – so behauptet jedenfalls Dschuwainî – habe er sie zum Ausharren aufgefordert. In der mongolischen Hauptstadt Qaraqorum angekommen, wurde er vom Großkhan ungnädig empfangen: Solange Gerdkûh und Lamassar sich nicht ergeben hätten, könne er nicht mit Gnade rechnen. Doch auf dem Rückweg, in Höhe der Khangai-Berge, führten die mongolischen Begleiter ihn und seine Männer unter dem Vorwand, für sie sei ein Fest vorbereitet, von der Straße weg und brachten sie um. «Von ihm und seiner Verwandtschaft blieb keine Spur, und er und seine Sippschaft wurden eine Sage im Munde [der Menschen] und in der Welt eine [bloße] Erzählung.»

Im Januar 1258 näherten sich die Mongolen Bagdad. Sie erstürmten die Stadt und plünderten sie. Am 20. Februar wurde der letzte Abbasiden-Kalif auf Befehl Hülägüs getötet. Im selben Jahr nahmen die Mongolen auch Lamassar ein. Als letzte der Burgen der Ismailiten kapitulierte Gerdkûh erst 1270. Dschuwainî berichtet, an die mongolischen Heeresabteilungen sei der Befehl ergangen, die ihnen zugeteilten ismailitischen Kämpfer zu töten; alle Ketzer – auch in Quhestân – samt der Familie des Imams, die in Qazvîn zurückgeblieben war, seien ausgerottet worden, und er jubelt über ihr völliges Verschwinden: «So ward die Welt, die von ihrem Übel befleckt war, gereinigt ... Das war Balsam auf die Wunden der Muslime und eine Kur für die Verletzungen des Glaubens.»

9. Nachleben

Die Ismailiten: Tayyibiten und Nizariten

Mit der Absetzung des letzten fatimidischen Imam-Kalifen durch Sultan Saladin 1171 hatte Kairo seine Rolle als Zentrum des ismailitischen Islams ausgespielt; nach der Wiedereinsetzung der Sunna verschwanden die Ismailiten, die in Ägypten ohnedies immer nur eine Minderheit gewesen waren, dort bald spurlos. Die Ismâ'iliyya überlebte indes in ihren wichtigsten Missionsgebieten, allerdings gespalten in zwei Hauptzweige und einige kleinere Gruppen.

Der erste Hauptzweig sind die Tayyibiten. Als im Jahre 1130 der fatimidische Kalif al-Âmir ermordet wurde (s.o. S. 51f.), kam es zu einer der häufigen Spaltungen der Isma'îliyya: Während der Onkel des Ermordeten unter dem Namen al-Hâfiz den Thron in Kairo bestieg (s. Stammbaum S. 27), hielten viele Gläubige an dem Imamat des kurz vor dem Attentat geborenen Thronfolgers fest, der allerdings kurz danach unter mysteriösen Umständen verschwunden war. Während Ägypten dem neuen Kalifen folgte, fielen die Gemeinden im Jemen ab und erkannten den verschwundenen Säugling an, den sie unter dem Namen *at-Tayyib*, «der Gute», als Imam verehrten. Sie glauben, dieser 21. Imam sei der letzte den Gläubigen bekannte gewesen, und sein Verschwinden habe ein erneutes Zeitalter der Verhüllung (*daur as-satr*) eröffnet. Seitdem sei eine unbekannte Anzahl von Imamen in ununterbrochener Generationenfolge, von aller Welt unerkannt, aufeinander gefolgt, deren gegenwärtiger namenlos unter uns lebe, bis er sich zu zeigen geruhe. Die Leitung der Gläubigen liegt seit dem Verschwinden at-Tayyibs in der Hand des «Absoluten Missionars» (*ad-dâ'î al-mutlaq*), der als Stellvertreter des Verborgenen Imams die Gemeinde autoritativ führt.

Nach dem Sturz der ägyptischen Fatimiden residierten die «Absoluten Missionare» zunächst im Jemen, wo die Gemeinden sich bis heute im Gebirgsmassiv des Harâz um die Stadt Manâkha und den Wallfahrtsort Hutaib (nordwestlich von San'â) scharen. Im 16. Jahrhundert verlagerte sich der Schwerpunkt vom Jemen nach Nordwest-Indien, wo die ismailitische Mission schon im 12. Jahrhundert Fuß gefasst hatte. 1567 verlegte der *Absolute Missionar* seinen Sitz nach Ahmedabad in Gujarat. Danach änderte sich der Sitz mehrfach (Jamnagar, Ujjain, Burhanpur); heute liegt er in Surat (ca. 240 Kilometer nördlich von Mumbay). In Indien werden die tayyibitischen Ismailiten mit dem Namen *Bohra* oder *Bohora* bezeichnet, was so viel wie «Kaufleute» bedeutet.

Die Tayyibiten oder Bohras sind die eigentlichen Erben der ägyptischen Fatimiden, deren religiöse, juristische und historiographische Literatur sie in ihren Bibliotheken bewahren. Ihre Bücherschätze bleiben Fremden allerdings meist unzugänglich, wenn nicht gelegentlich Dissidenten sich der rigorosen Abschottung der Gemeinde durch den *Absoluten Missionar* entziehen und ihre Privatbibliotheken der Forschung zugänglich machen.

Das Amt des *Absoluten Missionars* wird durch Designation (*nass*) weitergegeben, und zwar in einer Familie. Der Tod des letzten *Absoluten Missionars* Muhammad Burhân ad-Dîn, der seit 1965 amtierte und 2014 im Alter von 102 Jahren starb – er hatte sich einer Öffnung und Modernisierung seiner Gemeinde strikt widersetzt –, führte zu einem Nachfolgekonflikt zwischen seinem Bruder und einem seiner Söhne. Die Gemeinde nennt sich offiziell *The Dawoodi Bohra Muslim Community – Dâwûdî* im Unterschied zu der kleineren Gruppe der *Sulaimânî* im Jemen; sie zählt etwa eine Million Mitglieder, vor allem in Gujarat, aber auch in Mumbay, in Zentralindien und im pakistanischen Karatschi sowie in Ostafrika (Kenia, Tansania, Uganda). Seit 1996 besitzt sie ein Moschee- und Kulturzentrum in Northolt nördlich von London; ein weiteres existiert in Houston, Texas.

Der zweite, größere Zweig der Ismailiten sind die Nizariten, die Nachfahren der Anhänger der Imame von Alamût. Die von dem Wesir Dschuwainî berichtete Ausrottung der «Ketzer» war keineswegs so vollständig wie behauptet; tatsächlich überlebten zahlreiche der Gemeinden das Ende ihres Staates. Die mongolischen Herrscher Irans, die Il-Khane (1256–1336), waren zunächst religiös indifferent; eine von Hülägüs Frauen war eine nestorianische Christin, und einige Khane neigten dem Christentum oder dem Buddhismus zu; erst Ghâzân (1295–1304) nahm den sunnitischen Islam an und nannte sich Mahmûd, während sein Bruder Öldscheitü (1304–1317) Schiit und dessen Sohn Abû Sa'îd (1317–1335) wieder Sunnit war. Im Iran des 14. und 15. Jahrhunderts herrschte ein offenes religiöses Klima, in dem Dutzende von mystischen Sufi-Orden sowie eschatologischen, chiliastischen und messianischen Bewegungen gediehen, unter denen die überlebenden Nizariten kaum auffielen, zumal sie nach dem schiitischen Prinzip der *taqiyya* (Vorsicht) in Situationen der Bedrohung ihr wahres Bekenntnis verheimlichen und sich als Sufis oder Zwölfer-Schiiten tarnen konnten. Seit 1501 und im Verlauf des 16. und 17. Jahrhunderts wurde Iran unter der Schah-Dynastie der Safaviden zwölfer-schiitisch. In dieser Zeit tauchten die iranischen Nizârîs wieder aus dem Untergrund auf.

Nach der offiziellen Tradition der Nizariten hat nach der Ermordung des letzten Herrn von Alamût dessen überlebender Sohn Muhammad *Schams ad-Dîn* (Sonne der Religion) im Alter von etwa 20 Jahren die Nachfolge als 28. Imam angetreten. Er soll nach dem Fall von Alamût von getreuen Anhängern nach

Aserbeidschan gebracht worden sein, wo er angeblich als Händler oder Sticker sein Leben fristete. Historische Dokumente für diese und die folgende Zeit im Untergrund gibt es nicht; nur die Namen der Imame werden überliefert. Erst mit dem 32. Imam werden die Personen wieder historisch fassbar: Al-Mustansir II., der etwa 1464 sein Amt antrat, ließ sich als Sufi-Scheich in Andschudân nieder, einem Ort in Westiran (47 Kilometer östlich von Arâk); dort hat der russische Orientalist Wladimir Ivanow (s. u. S. 117) 1937 mehrere Gräber und Mausoleen der nizaritischen Imame entdeckt, deren letzter, der 39., Khalîl Allâh (Freund Gottes), im Jahr 1680 gestorben ist. In dieser Periode lebte die Literatur der Nizariten wieder auf, und die von den Imamen ausgesandten Missionare wirkten in Ostiran, Afghanistan, Zentralasien und Indien.

Der Sitz der Imame wechselte nun mehrfach innerhalb der Grenzen von Iran (Kahak, Kermân, Yazd, Mahallât). Im 19. Jahrhundert machte der 46. Imam Hasan ʿAlî Karriere am Hof des Schahs von Persien, der ihn zum Gouverneur von Qom (Ghom) ernannte und ihm den persisch-türkischen Hoftitel *Âghâ Khân* (Herr Fürst) verlieh, der in der Familie erblich wurde. 1841 musste der erste Aga Khan nach einem gescheiterten Aufstand gegen den Schah nach Indien fliehen. Dort konnte er sich vor einem britischen Gericht seine Anerkennung als Oberhaupt der indischen Nizârî-Ismailiten erstreiten (*The Aga Khan Case*, 1866). Er starb 1881 in Bombay (heute Mumbay).

Sein Enkel, der 1877 in Karatschi geborene Sultan Muhammad Schah Aga Khan III., wurde ebenfalls politisch aktiv. Bis 1912 war er Präsident der *All India Muslim League* und als solcher der höchste Repräsentant der muslimischen – nicht nur ismailitischen – Bevölkerung des damals noch ungeteilten Subkontinents. Seit 1932 vertrat er Indien beim Völkerbund in Genf, dem er 1937 präsidierte; später gehörte er zu den Gründervätern Pakistans. Er und seine französische Frau, die Begum, wurden auch in Europa bekannte Persönlichkeiten der *High Society*. Dem dritten Aga Khan ist es zu verdanken, dass sich seine Gemeinde der Moderne öffnete. Er war es auch, der dem nach der Oktoberrevolution nach Indien verschlagenen russischen Orientalisten Wladimir A. Ivanow im Jahr 1931 den Auftrag gab, in Bombay die Handschriften der Ismailiten – nicht nur der Nizârîs, sondern auch der Bohras, soweit sie in Privatbibliotheken zugänglich waren – zu katalogisieren. Durch seine Tätigkeit als Sammler, Editor und Autor wurde Ivanow in den nächsten Jahrzehnten zum Pionier der modernen Erforschung der Isma'îliyya auf der Grundlage ihrer originalen Literatur; sein *Guide to Ismaili Literature* von 1933 erfasste bereits über 700 Titel. Ihm ist es zu verdanken, dass die noch bis zum Ende des 19. Jahrhunderts von der Wissenschaft unkritisch reproduzierten Assassinen-Legenden durch solide historische Fakten ersetzt wurden.

Ivanows Arbeit wird vom *Institute of Ismaili Studies* fortgesetzt, das der 1936 in Genf geborene 49. Imam, Karîm Aga Khan IV., 1977 in London gründete und das heute über die wohl weltweit größte Sammlung von über 3000 ismailitischen Handschriften in Arabisch, Persisch und in indischen Sprachen verfügt. Der internationalen Forschung ist heute eine Fülle von authentischem Quellenmaterial zugänglich, das noch in der Mitte des 20. Jahrhunderts völlig unbekannt war. Bereits in der 1977 erschienenen *Biobibliography of Isma'ili Literature* von I. K. Poonawala sind mehr als 1300 Titel von über 200 Autoren aufgelistet.

Die nizaritischen Anhänger des Aga Khan nennen sich selbst offiziell *Shia Imami Ismailis*; in Indien werden sie *Khojas* (vom persischen *khwâdscha* oder *khôdscha*, «Herr») genannt. Sie zählen weltweit etwa 15 Millionen. In der Gegend um Alamût gibt es heute keine Nizariten mehr; dagegen findet man sie im Osten Irans (Quhestân), am Oberlauf des Amû Daryâ (Oxus) in der Landschaft Badakhschân zu beiden Seiten des Flusses, der hier die Grenze zwischen Afghanistan und Tadschikistan bildet. Von hier stammt der größte Teil der Literatur, die aus der Alamût- und Post-Alamût-Periode erhalten ist. Ferner leben Nizariten in Wakhân, dem Ostzipfel Afghanistans, und in der Region von Gilgit am Oberlauf des Indus in den pakistanischen *Northern Areas* sowie vor allem im Nordwesten Indiens. Eine starke Diaspora gibt es in Ostafrika (Madagaskar, Kenia und Tansania). Wie die Tayyibiten/Bohras haben sich auch die Nizariten/Khodjas einmal gespalten: Seit etwa 1310 gibt es neben der Imam-Linie der heutigen Aga Khane (Qâsim-Schâhîs) die sehr viel kleinere Gemeinde der Muhammad-Schâhîs oder Mu'minîs, vor allem in Syrien um Masyâf; sie erkennen den Aga Khan nicht als Oberhaupt an, haben aber keinen eigenen Imam.

Assassinen-Legenden

Die Ismailiten waren seit ihren Anfängen im 9. Jahrhundert Zielscheibe von Verdächtigungen und böswilligen Verleumdungen vonseiten ihrer Gegner, vor allem der Sunniten. Dazu trug die Geheimhaltung nicht wenig bei, mit der die Ismailiten ihre Lehre zu schützen suchten: Der Adept musste ein Gelübde ablegen, bevor er zu den geheimen Lehrveranstaltungen, den «Sitzungen der Weisheit» (*madschâlis al-hikma*), zugelassen wurde. So bildete sich eine den Ismailiten feindliche Tradition heraus, die man in der modernen Forschung die *Schwarze Legende* genannt hat: Man kolportierte die Behauptung, die ismailitische Lehre sei von einem Ketzer – in einigen Versionen ist es ein Jude – erfunden worden, der den teuflischen Plan gehabt habe, den Islam von innen heraus zu zerstören. Der habe zu diesem Zweck ein System fortschreitender Einweihung in sieben – nach anderen neun – Stufen der Initiation erdacht, durch das der gläubige Muslim zunächst neugierig gemacht und dann durch spirituelle Deutung des Korans von der Befolgung der islamischen Gesetze abgebracht werden sollte, um schließlich auf der höchsten Stufe das eigentliche Geheimnis, den blanken Atheismus, enthüllt zu bekommen. Es kursierte sogar ein Buch, in dem die angeblichen Grade dieser Initiation dargestellt waren. Seit dem 10. Jahrhundert war diese Story nicht nur der Kern der anti-ismailitischen und anti-fatimidischen Propaganda, sondern sie hat auch bis ins 19. Jahrhundert das Bild der Ismailiten in der europäischen Forschung bestimmt. Erst die zunehmende Kenntnis originaler ismailitischer Schriften in der modernen Forschung hat die *black legend* ins Reich der Fabel verwiesen und das «Buch der höchsten Initiation» als Fälschung entlarvt.

Eine weitere Legende ist in den islamischen Quellen schon früh zu finden: die von den «drei Schulkameraden». Danach sollen Hasan-e Sabbâh, der Wesir Nizâm al-Mulk (1028–1092) – sein erstes Opfer – und der Mathematiker, Astronom und Dichter 'Omar Khayyâm (1048–1131) im ostiranischen Nischapur zusammen die Schule besucht haben und sich nach dem Ende ihrer Ausbildung beim Auseinandergehen geschworen haben, wer immer von ihnen es zu etwas bringe, werde die anderen fördern. Zum Wesir aufgestiegen, habe Nizâm al-Mulk die beiden anderen unterstützt, sei aber von Hasan-e Sabbâh verraten worden. *The Tale of the Three Schoolfellows* wurde durch Edward Fitzgeralds englische Übersetzung der Vierzeiler 'Omar Khayyâms (1859) auch in Europa bekannt.

Neben dieser innerislamischen Legendenbildung gibt es die aus den Erzählungen der Kreuzfahrer erwachsene der europäischen Tradition. An deren Anfang steht die *training legend* (F. Daftary), deren erster Zeuge der Straßburger Domherr Burchard ist, der Gewährsmann des Geschichtsschreibers Arnold von Lübeck. Burchard hatte, wie zu Beginn dieses Buches erwähnt, 1175 als Gesandter des Kaisers Friedrich I. Barbarossa an Saladin im Heiligen Land geweilt, nur ein Jahr nachdem das erste Attentat auf Saladin verübt worden war. Er berichtet über den *Alten vom Berge*:

«Dieser Fürst besitzt in den Bergen zahlreiche sehr schöne Paläste, eingeschlossen von haushohen Mauern, so dass es keinen Zugang gibt außer durch eine kleine, sorgfältig bewachte Pforte. In diesen Palästen lässt er viele Söhne seiner Bauern von der Wiege an aufziehen und mit verschiedenen Sprachen wie Latein, Griechisch, Romanisch, Sarrazenisch (Arabisch) und vielen anderen vertraut machen. Ihnen wird von frühester Jugend bis zur Erreichung des Mannesalters von ihren Lehrern eingeschärft, dass sie dem Herrn dieses Landes in allen seinen Worten und Vorschriften gehorchen müssten; wenn sie das täten, werde er, der Macht habe über die lebenden Götter, ihnen die Wonnen des Paradieses schenken. Sie erfahren auch, sie seien rettungslos verloren, wenn sie dem Fürsten des Landes nicht in allem zu Willen seien. Wisse, dass sie von dem Augenblick an, da sie von der Wiege an in den Palästen eingeschlossen werden, niemals einen Menschen außer ihren Gelehrten und Lehrern zu Gesicht bekommen und keine andere Unterweisung erfahren, bis sie vor den Fürsten gerufen werden, um jemanden umzubringen. Wenn sie vor dem Fürsten stehen, fragt er sie, ob sie seinen Befehlen gehorchen wollten, so dass er ihnen das Paradies gewähren könne. So wie sie unterwiesen wurden, werfen sie sich ihm ohne Widerspruch und Schwanken glühenden Herzens zu Füßen und antworten, sie würden ihm in allem gehorsam sein, was er ihnen befehle. Dann gibt der Fürst jedem von ihnen einen goldenen Dolch und schickt sie aus, irgendeinen Fürsten, auf den seine Wahl gefallen ist, zu töten.»

Der Bericht des Domherrn gibt wieder, was man sich in den Kreuzfahrerstaaten über den Alten vom Berge erzählte. Tatsächlich wissen wir nicht das Geringste darüber, wie die Rekrutierung der Fidâ'îs und die Vorbereitung auf ihren Einsatz vor sich ging; weder die Schriften der Ismailiten selbst noch die ihrer muslimischen Gegner geben darüber auch nur mit einem Wort Auskunft. Dass sie auf das Paradies hoffen durften, wenn sie im Einsatz für den Imam als Märtyrer den Tod fanden, dürfen wir ohne Weiteres annehmen; das gehört zur Tradition der Schiiten seit ihren Anfängen und bis heute. Alles andere sind bloße Mutmaßungen oder – wie die goldenen Dolche – märchenhafte Ausschmückungen. Die Legende beginnt zu wuchern: Vom Schloss mit den hohen Mauern und der Verheißung des Paradieses ist es nicht mehr weit bis zur Sage vom künstlichen Paradies innerhalb der hohen Mauern.

Ähnliches wie Burchard berichtet Jacques de Vitry, der Bischof von Akkon (1216–1228); auch bei ihm liegt das verheißene Paradies noch im Jenseits. Einen Schritt weiter geht der Bericht des Abtes Arnold von Lübeck, der wahrscheinlich 1172 Heinrich den Löwen auf seiner Pilgerfahrt ins Heilige Land begleitet hat:

«Am meisten gesegnet, behauptet [der Alte vom Berge], seien diejenigen, die beim Vergießen menschlichen Blutes selbst zur Strafe umkämen. Wenn einer von ihnen einen solchen Tod erwähle, nämlich jemanden meuchlings zu ermorden, um dann selbst als Rache für ihn umso seliger zu sterben, übergibt er ihnen Dolche, die zu diesem Werk geweiht sind. Dann berauscht er sie mit einem Trunk, durch den sie außer sich geraten und in Bewusstlosigkeit fallen, und zeigt ihnen durch seine magischen Kräfte Träume voller Fantasien, Freuden und Wonnen – in Wirklichkeit Possen – und versichert ihnen, sie würden dies alles für eine solche Tat erlangen.» Hier wird das Paradies in magisch erzeugten Träumen vorgegaukelt.

Arnold von Lübeck ist es auch, der die früheste Version der «Todessprung-Legende» (*death-leap legend;* F. Daftary) erzählt, um den Kadavergehorsam der Adepten zu illustrieren: «Er macht ihnen auch auf schreckliche Weise Hoffnung und verheißt ihnen die Freuden ewigen Vergnügens, so dass sie es vorziehen, eher zu sterben als zu leben. Oft nämlich stürzen sich viele von ihnen auf seinen Wink und Befehl von einer hohen Mauer und erleiden mit zerschmettertem Schädel einen elendigen Tod.» Bei den französischen Fortsetzern Wilhelms von Tyrus (Ernoul; Eracles) wird dann sogar ein fränkischer Fürst als Augenzeuge bemüht: Graf Heinrich von der Champagne, der designierte König von Jerusalem, soll anlässlich seines Besuchs bei den Assassinen im Jahr 1194 (s.o. S. 85) Zeuge dieser Machtdemonstration des Alten vom Berge geworden sein. Später wurde die Legende auch auf Kaiser Friedrich II. übertragen, während sie sich in einer arabischen Quelle (al-Makîn) in Alamût vor den Abgesandten Sultan Malik Schâhs abspielt.

Ihre abschließende Form erhielt die Assassinen-Legende im Bericht des Venezianers Marco Polo (1254–1324). Im Jahr 1273 durchquerte der junge Mann an der Seite von Vater und Onkel auf dem Weg nach China Persien und will dort vom *Alten vom Berge* gehört haben, der auf seiner Burg *Muleet* – in einigen Handschriften auch *Mulehet* oder *Mulecte* – prächtige Paläste errichtet und einen paradiesähnlichen Garten angelegt habe, in dem aus verschiedenen Brunnen Wein, Milch, Honig und Wasser floss. «Schöne Frauen, liebliche Jungfrauen spielten auf allen erdenklichen Instrumenten; sie sangen mit wohlklingender Stimme und tanzten aufs anmutigste ... Der Alte hielt an seinem Hofe zwölf- bis zwanzigjährige Jünglinge aus der Umgebung; ihrer Statur nach versprachen sie tüchtigen Soldaten zu werden. Sie waren alle gut in der Lehre unterrichtet und glaubten, dass, entsprechend den Prophezeiungen Mohammeds, das Paradies genau so aussehe, wie ich es vorhin geschildert habe ... Sooft der Alte vier oder zehn oder zwanzig Burschen in sein Paradies holen wollte, ging er folgendermaßen vor: Er ließ ihnen einen Trank verabreichen, der sie sogleich in tiefen Schlaf versetzte, worauf sie weggeführt und in den Garten gebracht wurden; dort weckte er sie wieder auf» (Übersetzung E. Guignard). Die Jünglinge genießen also scheinbar die Wonnen des Paradieses. Wenn der *Alte* einen Mord plant, versetzt er sie wieder in Schlaf und bringt sie in sein Schloss; wenn sie erwachen, bemerken sie enttäuscht den Verlust des Paradieses, und in glühender Sehnsucht, dorthin zurückzukehren, dienen sie dem *Alten* willig als Mordwerkzeuge.

In Marco Polos Bericht, den er 25 Jahre später, 1298/99, in einem genuesischen Gefängnis einem Schreiber diktierte, mischen sich Erinnerungen aus Persien mit den inzwischen umlaufenden Assassinen-Legenden. Sein *Alter* heißt Aloedin – wohl der vorletzte Herr von Alamût, ʿAlâ ad-Dîn Muhammad III., dessen lange Herrschaft sich offenbar eher dem kollektiven Gedächtnis eingeprägt hatte als die nur kurze seines Sohnes –, und der Name der Burg *Muleet* oder *Mulehet* ist eine Verballhornung von arabisch (und persisch) *mulhid*, «Ketzer», einer in den persischen Quellen gängigen Bezeichnung für die Nizariten. Die Bezeichnung *Alter vom Berge* dagegen weist ebenso wie der Name *Asciscini* auf Syrien und die Tradition der Kreuzfahrer. Das Versprechen des Paradieses und die magischen Träume davon sind erst hier zu einem realen Garten geworden. Auch Marco Polo spricht nicht von Drogen, sondern nur von einem Schlaftrunk; die Attentäter begehen ihre Anschläge mit klarem Kopfe. Die «Haschisch-Legende» konnte überhaupt erst entstehen, nachdem Silvestre de Sacy 1809 die etymologische Herkunft des Namens *Assassini* enthüllt hatte.

Ins Reich der Legende gehören auch all die Berichte, die von Anschlägen der Assassinen in Europa wissen wollen: 1195 soll König Philipp II. August von Frankreich 15 Assassinen nach Chinon beordert haben, um Richard Löwenherz zu ermorden, und auch der Mord an Herzog Ludwig I. von Bayern auf der Kelheimer Donaubrücke im Jahr 1231 soll auf Geheiß Kaiser Friedrichs II. von gedungenen Assassinen verübt worden sein – ein Verdacht, der sogar in der päpstlichen Polemik gegen den Stauferkaiser seinen Niederschlag gefunden hat. Auch im Orient ist mancher Meuchelmord den «Batiniten» in die Schuhe geschoben worden; sie boten einen bequemen Deckmantel für manche sinistre Tat.

Die Assassinen-Legenden leben auch noch fort in der Schrift des österreichischen Diplomaten und Orientalisten Joseph von Hammer-Purgstall (1774–1856), der *Geschichte der Assassinen* von 1818, doch hatte dieser inzwischen Zugang zu persischen und arabischen Quellen – wenn auch nicht zu original-ismailitischen – und zu Silvestre de Sacys Entdeckung.

Hammer-Purgstalls Buch, das alte Sagen mit neuen wissenschaftlichen Erkenntnissen mischt, hat die Orientalistik bis gegen Ende des 19. Jahrhunderts geprägt. Es liegt auch dem ersten Roman zugrunde, der sich des Themas bemächtigt hat: 1938 veröffentlichte der Slowene Wladimir Bartol den Roman *Alamut*, der deutschen Lesern allerdings nur in einer Fassung aus dritter Hand – nach der französischen Übersetzung – zugänglich ist. Bei Bartol, einem Zoologen und Bewunderer Sigmund Freuds, ist der Herr von Alamut ein desillusionierter Nihilist, der den Plan hat, der Menschheit in einem zynischen Experiment vorzuführen, wozu vom Glauben indoktrinierte Menschen gebracht werden können, und so unterzieht er in seiner Ordensburg junge Leute einer Gehirnwäsche, um die Jungen zu selbstmörderischen Killern, die Mädchen zu willigen Liebesdienerinnen abzurichten. Bartols Parabel hat aber wohl weniger die Kirche im Blick als den italienischen und deutschen Faschismus seiner Zeit.

Seitdem geistern Assassinen durch manchen Thriller; sie dürfen in Umberto Ecos *Das Foucaultsche Pendel* (1988), wo sich alle möglichen Geheimgesellschaften ein Stelldichein geben, nicht fehlen und haben sogar ihren Eingang in ein Computerspiel gefunden, bei dem sich der Spieler selbst in einen Fidâ'î verwandelt. Allerdings ist festzuhalten: Eine solche Assassinen-

Tradition gibt es nur im Westen; sie ist ein Erbe der Kreuzfahrerzeit. In der islamischen Welt sind die Batiniten allenfalls ein paar Historikern bekannt; aus dem kollektiven Gedächtnis der Muslime sind sie gelöscht.

Der Terror der Assassinen

Die Attentate der *fidâ'iyyûn* der nizaritischen Ismailiten in den Jahren von 1092 bis 1273 haben Schrecken, *terror*, in der islamischen Welt und unter den Kreuzfahrern ausgelöst; die Maßnahmen des ägyptischen Wesirs al-Ma'mûn oder später Sultan Saladins (s. o. S. 49 bzw. 79) lassen daran keinen Zweifel. Sie selbst rühmten sich dessen, auch als ihre Macht schon längst verblichen war: Nach dem Bericht des Mönchs Yves riefen die Vorreiter des *Alten vom Berge* «Weichet vor dem, der den Tod der Könige in seinen Händen hält!» (s. o. S. 92).

Bei der Einordnung der militanten Aktivitäten der «Assassinen» ist zunächst einmal festzuhalten, dass diese einer besonderen Form des schiitischen Islams angehörten: Sie waren Ismailiten, stellten aber auch innerhalb dieser Glaubensrichtung nur eine Absplitterung dar, die Nizariten von Alamût. Deren Attentate richteten sich gegen Herrscher, Beamte, Militärs und religiöse Würdenträger – Kadis und Muftis – des Seldschukenreiches, innerhalb dessen sie operiert, sowie des sunnitischen Kalifats von Bagdad; nur kurz geriet auch das ismailitische Kalifat der Fatimiden von Kairo – ursprünglich ihre Mutterorganisation – ins Visier. Ziele und Opfer waren also in erster Linie Muslime, allen voran die Angehörigen des sunnitischen Establishments. Dagegen lassen sich die Opfer unter den Kreuzfahrern an den Fingern einer Hand abzählen.

Die Attentate richteten sich gezielt gegen prominente Vertreter des verhassten politisch-religiösen Systems. Sie sind damit strukturell jenem vormodernen Terror vergleichbar, der sich in der Antike bei den jüdischen Sikariern gegen die römische Besatzung oder im 19. und frühen 20. Jahrhundert gegen einzelne Herrscher und Politiker richtete, wie die Attentate auf Zar Alexander II. (1881), den österreichischen Thronfolger Franz Ferdinand in Sarajevo (1914) oder den jugoslawischen König Alexander in Marseille (1934). In der religiösen Lehre der Ismailiten haben die Attentate keinerlei Begründung; sie waren eine rein politisch-militärische Kampftaktik. Durch die Beseitigung tragender Säulen des herrschenden Regimes suchte man dieses zum Einsturz zu bringen, um die eigene Herrschaft an seine Stelle zu setzen. Zeitweilig ist das auch im regionalen Rahmen gelungen: In Rûdbâr (der Landschaft um Alamût), im ostiranischen Quhestân und im syrischen Küstengebirge konnten die Nizariten kleine Territorialherrschaften errichten, die sogar von den islamischen und fränkischen Mächten anerkannt und in verschiedene Bündnis- oder Klientelsysteme eingebunden waren.

Nach der Beseitigung dieses «Staates» von Alamût durch die Mongolen im Osten und die ägyptischen Mamluken im Westen hörten mit dem Verlust der Eigenstaatlichkeit auch die militanten Aktionen auf. Die Nizariten überdauerten in Iran, Afghanistan und Zentralasien als rein religiöse Gemeinschaft, der jede Militanz fernlag. Ihre heutigen Nachfahren unter der Leitung des Aga Khan sind eine friedfertige, der Moderne aufgeschlossene Religionsgemeinschaft, die sich dank dem Vorbild ihrer letzten beiden Imame auch in die europäischen Gesellschaften problemlos integriert. Die militante Periode ihrer Glaubensgemeinschaft im Hohen Mittelalter betrachten sie nüchtern als Vergangenheit; meist wird sie als legitimer Kampf gegen einen übermächtigen erbarmungslosen Gegner – die Sunniten –, als eine Art Notwehr dargestellt.

Die Sunniten waren also die eigentlichen Opfer. Schon aus diesem Grunde führt keinerlei Tradition von den mittelalterlichen Nizariten/Batiniten zu dem heutigen islamistischen Terror sunnitischer Couleur, der weder quantitativ noch qualitativ – mit seinem Ziel, massenhafte Opfer unter der Zivilbevölkerung zu erzeugen – mit den Anschlägen der «Assassinen» zu vergleichen ist und zudem ganz andere Wurzeln hat. Den heutigen Terroristen müssten die batinitischen Attentäter wie ihren damaligen sunnitischen Glaubensgenossen als Ketzer, ja als Nichtmuslime erscheinen, wenn sie denn je von ihnen gehört hätten. Der moderne Dschihadismus mit seinem antiwestlichen Furor hat seine Ursprünge in den antikolonialen Bewegungen des frühen 20. Jahrhunderts wie der 1928 von Hasan al-Bannâ in Ägypten gegründeten Muslimbruderschaft und der «Islamischen Gemeinschaft» (*Dschamâ'at-e islâmî*) des Inders Maudûdî (1941), deren Wurzeln wiederum letztlich im Wahhabismus, einer rigoros-puritanischen, streng sunnitischen Erneuerungsbewegung auf der Arabischen Halbinsel im 18. Jahrhundert, liegen. Aber auch gegenüber diesen Ursprüngen hat sich der Terror von Bewegungen wie dem Netzwerk *al-Qâ'ida* («die Basis») oder des sogenannten *Islamischen Staats im Irak und Syrien* inzwischen weitgehend verselbständigt. In den Kreisen sunnitischer Dschihadisten weiß man vom «Alten vom Berge» und seinen «Assassinen» nichts. Keine Tradition verbindet sie mit diesen; eine Assassinen-Tradition gibt es nur in Europa.

Hinweise zur Aussprache

Der Zirkumflex bezeichnet stets lange Vokale. Das *r* bezeichnet das gerollte Zungenspitzen-*r*, *gh* das deutsche Zäpfchen-*r*; *k* entspricht dem deutschen *k*, *q* ist ein kehliges dunkles *k* (nicht *qu*!); *ch* lautet wie das deutsche *ch* in «Bach»; *th* entspricht dem englischen *th* wie in «thing», *dh* dem stimmhaften *th* wie in «the»; *s* ist immer stimmlos wie das deutsche *ss*, *z* stimmhaft wie in «Sonne». Das *h* ist ein hörbarer Konsonant (z. B. in «Mahdi»). Der Apostroph ' bezeichnet einen Stimmabsatz (wie in «See'ufer»), ' einen für Nichtaraber schwer aussprechbaren, stimmhaften Knarrlaut.

Literaturhinweise

Von den im vorliegenden Buch benutzten arabischen und persischen Quellen sind nur die wenigsten in eine europäische Sprache übersetzt. Nur diese Übersetzungen sind im Folgenden aufgeführt. Ausführliche Angaben zu den Quellen und zur Sekundärliteratur finden sich bei Lewis, *Die Assassinen*, Daftary, *The Isma'ilis*, und Halm, *Kalifen und Assassinen.*

Ahmad Mirza, Nasseh: *Syrian Ismailism. The Ever Living Line of the Imamate.* Richmond 1997.

Daftary, Farhad: *The Assassin Legends. Myths of the Isma'ilis.* London 1994.

–: *Kurze Geschichte der Ismailiten. Traditionen einer muslimischen Gemeinschaft.* Würzburg 2003.

–: *The Isma'ilis. Their History and Doctrines.* Cambridge 2007.

–: *Historical Dictionary of the Ismailis.* Lanham/Toronto 2012.

Dschuwainî: *The History of the World-Conqueror*, englisch, von J. A. Boyle, Band II, Manchester 1958.

Eboo Jamal, Nadia: *Surviving the Mongols. Nizari Quhistani and the Continuity of Ismaili Tradition in Persia.* London 2002.

Ernoul: *Chronique d'Ernoul et de Bernard Le Trésorier*; ed. von Louis de Mas-Latrie, Paris 1871.

Filippani-Ronconi, Pio: *Ismaeliti ed «Assassini».* Mailand 1973.

Gabrieli, Francesco: *Die Kreuzzüge aus arabischer Sicht.* Zürich/München 1973.

Halm, Heinz: *Das Reich des Mahdi. Der Aufstieg der Fatimiden (875–973).* München 1991.

–: *Die Kalifen von Kairo. Die Fatimiden in Ägypten 973–1074.* München 2003.

–: *Kalifen und Assassinen. Ägypten und der Vordere Orient zur Zeit der ersten Kreuzzüge.* München 2014.

–: *Die Assassinen 1092 bis 1273.* In: A. Demandt. *Das Attentat in der Geschichte,* Köln 1996, S. 61–73.

Hammer-Purgstall, Joseph von: *Geschichte der Assassinen.* Stuttgart/Tübingen 1818.

Hodgson, Marshall G. S.: *The Order of Assassins. The Struggle of the Early Nizari Isma'ilis Against the Islamic World.* Den Haag 1955.

Ibn al-Qalânisî: *Damas de 1075 à 1154.* Französisch von R. Le Tourneau, Damaskus 1952. Englisch von H. A. R. *Gibb: The Damascus Chronicle of the Crusades,* London 1932.

Jambet, Christian: *La grande résurrection d'Alamût.* Lagrasse 1990.

Joinville, Jehan de: *Vie de Saint Louis.* Altfranzösischer Text mit Übersetzung von Jacques Monfrin, Paris 1995. Deutsch von Eugen Mayser: *Das Leben des heiligen Ludwig. Die Vita des Joinville.* Düsseldorf 1969.

Lewis, Bernard: *The Sources for the History of the Syrian Assassins*. In: *Speculum* 27 (1952), 475–489.
–: *Saladin and the Assassins*. In: *Bulletin of the School of Oriental and African Studies* 15 (1953), 239–245.
–: *Kamâl al-Dîn's Biography of Râšid al-Dîn Sinân*. In: *Arabica* 13 (1966), 225–267.
–: *The Assassins*. London 1967. Deutsch von K. J. Huch*: Die Assassinen*. Frankfurt 1989.
Marco Polo: *Il Milione*. Deutsch von E. Guignard. Zürich 1983.
Mayer, Hans Eberhard: *Geschichte der Kreuzzüge*. Stuttgart 1965.
Nesawî: *Histoire du Sultan Djelal ad-Din Mankubirti*. Französisch von O. Houdas, Paris 1891.
Nowell, Charles E.: *The Old Man of the Mountain*. In: *Speculum* 22 (1947), 497–519.
Sacy, Silvestre de: *Mémoire sur la dynastie des Assassins et sur l'origine de leur nom*. In: *Annales des Voyages* 8 (1809), 325–343. Englische Übersetzung in: Daftary, *Assassin Legends*, 129–188.
Stark, Freya: *The Valleys of the Assassins*. London 1936.
Thorau, Peter, *Die Burgen der Assassinen in Syrien und ihre Einnahme durch Sultan Baibars*. In: *Die Welt des Orients* 18 (1987), 132–158.
–: *The Lion of Egypt. Sultan Baybars I & the Near East in the Thirteenth Century*. London 1992.
–: *Die Kreuzzüge*. München 2004.
Van Berchem, Max: *Epigraphie des Assassins de Syrie*. In: *Journal asiatique*, 9e série(1897), 453–501 (= Van Berchem, *Opera minora*, Genf 1978, Bd. I).
Wilhelm von Tyrus: (titellose) *Chronik*. Deutsch von E. und R. Kausler. Stuttgart 1840 (veraltet).
Willey, Peter: *Eagle's Nest. Ismaili Castles in Iran and Syria*. London 2005.

Bildnachweis

Seite 21: Farhad Daftary/Zulfiqar Hirji: The Ismailis. An Illustrated History, London 2008, Seite 125 oben
Seite 30: Freya Stark: The Valleys of the Assassins and Other Persian Travels, London 1982, Seite 243
Seite 31: Peter Willey: Eagle's Nest, London 2005, Tafel 9
Seite 55, 56, 57, 100: Foto: Heinz Halm